教师发展新视界

——以行动研究彰显教师发展的实践智慧

王冬梅 著

中国海洋大学出版社

·青岛·

图书在版编目（CIP）数据

教师发展新视界：以行动研究彰显教师发展的实践
智慧/王冬梅著 . -- 青岛：中国海洋大学出版社，
2024.6

ISBN 978-7-5670-3875-2

Ⅰ.①教… Ⅱ.①王…②段… Ⅲ.①教师－基本知
识 Ⅳ.①G635.12

中国国家版本馆 CIP 数据核字（2024）第 R58B73 号

教师发展新视界——以行动研究彰显教师发展的实践智慧

JIAOSHI FAZHAN XINSHIJIE — YI XINGDONG YANJIU ZHANGXIAN JIAOSHI FAZHAN DE SHIJIAN ZHIHUI

出版发行	中国海洋大学出版社			
社　　址	青岛市香港东路 23 号	邮政编码	266071	
出 版 人	刘文菁			
网　　址	http://pub.ouc.edu.cn			
订购电话	0532-82032573（传真）			
责任编辑	郑雪姣	电　　话	0532-85901092	
印　　制	青岛国彩印刷股份有限公司			
版　　次	2024 年 6 月第 1 版			
印　　次	2024 年 6 月第 1 次印刷			
成品尺寸	185 mm × 260 mm			
印　　张	12.5			
字　　数	255 千			
印　　数	1～1 000			
定　　价	58.00 元			

发现印装质量问题，请致电 0532-58700166，由印刷厂负责调换。

序

教师的专业化发展是一个系统工程,纵观自身及身边教师数十年专业发展之路,"智慧"是不变的选择。

本书阐述了教师专业发展的一种新的生涯观——智慧生涯观。它有三个层面的内涵。从技术层面看,这里的"智慧"主要是指信息化、网络化、智能化变革所带来的人工智能、大数据、云计算、虚拟现实等新兴技术与教育的深度融合对教师专业发展的影响,特别是教育部制定的《教师数字素养》标准,明确了教师利用数字技术优化、创新和变革教育教学活动的意识、能力和责任。从能力层面看,这里的"智慧"是指教师迅速、灵活、正确理解和解决教育教学问题的能力,是一系列直指人心、直指本源的高阶学习力、思维力和行动力。从情意层面看,这里的"智慧"是一种健康而积极的情绪和意志,是直面教师职业压力,成就幸福的品质。

本书立足于教师的智慧生涯观,力图建构一个更加智慧的专业发展路径,包括从发展规划、政府责任、指导机构、发展性评价、数字化转型等方面建构教师专业发展的智慧支持体系;从团队研修、专题研修、校本研修、智慧减压等方面建构教师专业发展的智慧操作体系;用活动赋能激扬课堂智慧,用技术赋能增强课堂智慧,用关怀赋能成就差异智慧等等。且学且研且思且成长。

本书凝聚了笔者多年的所思、所做、所得。笔者致力挖掘"智慧"的文化内涵、社会意蕴与价值维度,不断重组和再造以"智慧"为核心特征的教育组织形态,不断建构和重塑教师专业发展的新模式、新样态,努力实现用智慧优化教师专业发展,让教师更优秀、让教育更优质的使命,培养新时代所需要的智慧型人才。

　　"海到无边天作岸，山登绝顶我为峰"。惟愿"智慧"可以让每一个教师以更加从容的姿态活在当下、走向未来，拥有深邃、辽阔和永不妥协的梦想，并为之奋斗，为之前行！

　　是为序。

司继伟

（山东师范大学心理学院副院长，教授，博导）

2024 年 1 月

目录

绪　论　回眸中的思考

第一编　专业发展智慧论

第二编　课堂实践智慧论

绪 论

回眸中的思考

第一节　在反思中梳理:教师专业发展源流论

一、国际教师专业发展趋势探源

世界通用的"教师专业发展"包括教师的培训、任用、进修三个阶段的教育,国际范围内,教师专业发展的进程体现了从"专业化"走向"技术化"再到"素养化"的趋势。

19世纪赫尔巴特科学教育学的确立和国民学校的建立,意味着教师专业化地位的显现。20世纪60年代以后,社会科学中的实证主义主宰教育研究的各个领域,教师"专业化"因而转向"技术化"。行为目标、能力本位、系统管理的课程设计与评估主导了各国的教师专业发展,教学技术的训练成为教师专业发展的核心焦点。20世纪70年代以后,传统的课程受到"小班小校""微型课程"等的冲击,要求教师角色冲破学校与学科的框架,能够适应学生的需求与能力,注重现场经验,教师发展又从"技术化"迈向"反专业化"。80年代以后,面对提升教师素质的社会压力,世界各国都在寻求教师专业理念与制度的重建,提出了在更高层面上寻求更高程度的"专业化"的要求。1966年的国际劳工组织和联合国教科文组织,1986年美国的卡内基教育和经济论坛工作小组、霍姆斯小组(the Holmes Group)相继发表了的《国家为培养21世纪的教师做准备》《明天的教师》两个报告,同时提出了以教师的专业发展作为教师专业发展的改革方向,从职前教育和职后培训同时发力,努力提高教师的专业化水平的建议。教师的专业发展逐渐成为一个阶段性与连续性相统一的不断成长与成熟的过程,教师开始以"专业工作者""研究型教师"的形象出现。1997年经济合作与发展组织提出了核心素养的概念,很多国家和国际组织也相继建立学生核心素养发展的模型,并希望通过这样一个模型,重新思考课程目标,深化课程改革,优化课程评价模式,同时提升教师的专业水平。自此,教师专业化的进程从追求教师职业的专业地位和权利转向了教师的专业素养提升,鼓励教师在优质的专业化实践中学习和成长。

二、国内教师专业发展价值视窗

我国全方位的教师专业发展进程主要有以下几个阶段:萌芽期(1952—1959),停滞期(1960—1977),过渡期(1978—1989),形成与发展期(1990至今),并呈现出两个价值发展态势。

(一)学历补偿教育逐渐向学历提高教育发展

学历补偿教育主要集中在20世纪的80年代和90年代的前中期,在一定程度上弥补了学历不合格教师的知识,开阔了教师们的视野。但在培养教师实际教学能力等方面还是难有作为,加之实践中由于大部分学历补偿教育操作标准的降低,意义更加有限。因此在中小学教师学历达标率不断提高的现实状况下,20世纪90年代末教师在职继续教育工作的重心开始从以学历补偿为主转向学历提高教育。学历是衡量教师专业技能的重要指标。事实上,我们应该把取得学历的过程,视为教师专业素质规范训练与教学专业素养提升的过程,作为促进教师专业发展的途径之一。

(二)教师在职教育逐渐走向制度化和精准化

从1986年开始,根据教育事业发展和教师队伍建设需要,国家将各级各类学校的教师都纳入了专业技术职务序列。这一措施不但使中小学、幼儿园教师有了明确的奋斗目标,而且极大地调动了中小学教师的积极性。"八五"时期颁布了《教师法》《教育法》《教师资格条例》,同时国家教育委员会颁布了《关于〈中华人民共和国教师法〉若干问题的实施意见》《教师资格认定的过渡办法》等与《教师法》配套实施的法规和规章,中小学教师的进修被法制化和规范化。此外,中小学教师专业发展课程的认定制度以及中小学教师专业发展机构也逐渐规范化。2004年教育部出台的《中小学教师专业发展技术能力标准(试行)》,2013年5月教育部出台的《中小学教师专业标准(试行)》,成为引领教师专业发展的基本准则以及实施教师培养、准入、培训、考核等工作的重要依据。随着信息技术和人工智能技术的发展,教师的培训从线下走向线上。2012年开始,各省份纷纷启动全员参与的远程研修;2022年,国家智慧教育公共服务平台正式上线,教师专业发展方式趋于多元化、精准化。

三、区域教师专业发展动向盘点

全面推进素质教育,实现区域教育现代化是区域教育发展的战略性目标。青岛市某区旗帜鲜明地提出教师专业发展战略,并于2006年11月接受了由教育部、中国教育学会、中央教科所、全国 20 个教育先进区专家和代表的最终评估,以高达 96.28% 的优秀率被评为全国第一个以教师专业发展特色命名的"区域教育发展特色示范区"。

调查显示,该区教师主体性发展潜力和空间较大,热爱本职工作,具有较高责任心和认同课改理念的强烈意识。积极向上、争优抢先、互学互助、合作交流的良好氛围已经形成。从数据分布来看,教师自我效能感和教学效能感整体上偏高,但职业倦怠现象普遍存在,特别是教师的情绪衰竭问题相对突出。这是长期重视教师专业发展的缘故,但也不能忽视高频次、高强度的培训可能给教师带来的倦怠情绪。因此,我们不但要重视教师"专业理念"和"专业行为"的提高,更要关注"专业信念与情感"的培养。

青岛市某区小学教师职业倦怠的总体表现及分布

维度	自我效能	一般教学	个人教学	情绪衰竭	非人性化	认知枯竭	成就感
平均数	3.7	3.16	3.82	2.81	1.75	1.93	4.21
标准差	0.52	1.02	0.36	1.33	0.93	0.88	0.87

第二节　在盘点中发现:我的智慧生涯发展观

教师的专业化发展是一个系统工程,需要科学规划、有序推进,走一条螺旋式上升的发展道路,纵观自身及身边教师数十年专业发展之路,"智慧"是唯一不变的选择。

一、智慧生涯观的内涵

(一)技术层面

从技术层面看,这里的"智慧"主要是指信息化、网络化、智能化变革所带来的人工智能、大数据、深度学习、云计算、虚拟现实、区块链、信息物理系统等新兴技术与教育的深度融合[1]对教师专业发展的智慧影响。2023年3月教育部研究制定了《教师数字素养》标准,并作为教育行业标准予以发布,旨在扎实推进国家教育数字化战略行动,完善教育信息化标准体系,提升教师利用数字技术优化、创新和变革教育教学活动的意识、能力和责任。

---

① 刘希未,宫晓燕,荆思凤,等.智慧教育[M].北京:科学技术文献出版社,2021:5-6.

（二）能力层面

从能力层面看，智慧是指对事物能迅速、灵活、正确地理解和解决的能力。智是决断，决疑断惑，慧是拣择，考察切要。智慧生涯教育就是一系列直指人心、直指本源的智慧修炼。教育对于智慧的品质要求是社会和时代发展的要求，是教育之根本使命的要求。建构智慧型教师队伍，是彰显高品质教育智慧的必然要求。

二、发展路径

（一）从引领智慧型教师发展的维度，培育智慧型教师

教师的智慧与其他职业人群的智慧有所不同，它是作为教师专业素养的智慧。

（1）制定一个目标。引导教师制定个人智慧发展目标，推动教师发展的内驱力，激励教师智慧成长。

（2）强化专业修炼。以智慧型教师成长的素养要求入手，开展序列性专题性培训、学习和研究。从广度走向深度，从引领走向自觉。

（3）坚持梯级培养。比如，以"师徒结对"等方式，向新教师提出"一年入门，二年过关，三年达标"的要求，让新教师少走弯路，智慧成长；实施"智慧工作坊"等成熟型教师培养工程，促使骨干教师向智慧型名师发展；开展"名师工作室"等专家型教师培养工程，全面构建智慧型师资团队。

（二）从关注智慧型课堂变革的角度，锤炼智慧型教师

真正的智慧来自实践。课堂教学是教师实践的主阵地，我们以"彰显教学智慧，打造智慧课堂，落实智慧教学"为目标来锤炼智慧型教师，促进学生多元智慧的发展。一是在教学目标的预设上，体现"学科核心素养"的智慧要求；二是在教学程序的设计和运行过程中，整合智慧教育资源，促进大单元教学和跨学科学习的智慧运行；三是在学习环境管理上，努力实现师生智慧交流，智慧调控课堂情绪多向协调；四是在对学生的评价上，促进全体学生的个性张扬、智慧发展和健康成长。

（三）从注重智慧型反思提升的高度，培植智慧型教师

从某种意义上说，教师的教育智慧不是能够被"教会"的，它只能通过教师自己的体悟与反省而获得。我们倡导教师将教育教学实践的反思与自己教育观念、行为的改造结合起来，将"教""学""研""思"经常化、自觉化。一是边教边研，立足常规的教研组活动、备课组活动，以课堂教学为中心，融教研、科研于一体，依托"课题

研究展示课""骨干教师示范课""青年教师研讨课""新教师汇报课"等课堂教学展示活动及平时的课堂教学实践,进行案例分析、课后反思、观摩赏析,撰写教学随笔、教育故事、教学论文、研究报告等活动,让教师在活动中获得"充实感""实效感",实现理念和实践的有机融合,螺旋上升。二是且学且思,学习反思的意义在于科学的"扬弃",学习反思的过程实际上是教师把自身作为研究的对象,研究自己的教学观念和实践,反思自己的教学行为、教学观念以及教学效果。通过反思,教师不断更新教学观念、改善教学行为、提升教学质量。且学且思不仅可以使自己真正在教学实践和教学研究中始终处于主导地位,提高教学工作的自觉性、目的性和创造性,而且还可以帮助教师在劳动中获得理性的升华和情感上的欢悦,提升自己的思想境界和思维品质,从而使教师体会到自己工作的价值和意义。

三、问题解决

(一)智慧支持体系

教师的专业发展需要一系列的支持,财力、物力、人力都是我们需要的资源,如何最大限度地发挥他们的潜力,既需要合理的配置,又需要相互的支持,这就意味着我们需要构建一个教师专业发展的支持体系,实现教师专业发展专业支持力的层次化和体系化。比如,在这个支持体系中,政府处于什么样的位置?可以发挥什么样的作用?如何最大限度地发挥县级教师培训机构的作用?我们又应建立怎样的区域教师管理和评价制度,调控与指导区域教师的素质发展?这需要我们思考和解决一系列的问题,而这些问题都需要我们在行动中解决。

(二)深层发展问题

从现状来看,依然有一些教师专业化方面的深层问题困扰着我们。如队伍的年轻化和高职称层次教师的短缺,反映出教师们的智慧素养还有待于量的积累和质的提高,教师梯队的合理布局和层次优化还需要进一步深入地调整;教师日常工作中表现出来的对课堂智慧观察技术与反思的缺乏,说明部分教师的教育理论素养与教育教学实践的结合能力还亟待进一步提高;校本研修、集团发展、区片衔接等工作初见端倪,但同时也反映出各类教师专业发展制度尚待完善。这些都说明,我们需要立足于教师的智慧化,建构一个更加智慧的发展路径。

第一编

专业发展智慧论

第 一 章
教师专业发展智慧支持体系

第一节 教师专业发展目标与规划构想

教师是教育工作的中坚力量。有高质量的教师,才会有高质量的教育。做好教师,就要执着于教书育人,有热爱教育的定力、淡泊名利的坚守,就要有理想信念、有道德情操、有扎实学识、有仁爱之心。做新时代的好教师,更是政治要强、情怀要深、思维要新、视野要广、自律要严、人格要正。

一、教师专业发展目标构想

(一)建构学习型组织

学习型组织是一个不断创新的智慧组织,在这种组织中,大家不断突破自己的能力上限,创造真心向往的结果,培养全新、前瞻而开阔的思考方式,全力实现共同的抱负,以及不断一起学习如何共同学习。[①]教育的真谛在于发挥人的价值、发掘人的潜能、发展人的个性。首先,学习型组织理论是一种运用非强制方式和非权力性影响力在人们心目中产生潜在动力,从而把组织意志转变为成员自觉行为的管理模式,将学习型组织理论用于教师专业发展,增强了区域教师专业发展变革和创新的能力。其次,学习型组织既关注组织的长期发展,更注重组织成员个人的工作技能和工作能力的提高。将学习型组织用于教师专业发展,增强了区域教师个人和团体的专业发展性能。最后,学习型组织的真谛是活出生命的意义,在教师中创建学习型组织,形成寻求教育教学内在价值的工作观,把教育教学活动当成发挥创造力、施展才华的机会,看成生命价值的体现,在工作中感受生命成长,闪现创造光辉和人性魅力,从而活出生命的意义,成为教师自己而不是一个被动的任务执行者或单纯的无私奉献者。

---

① 彼得·圣吉. 第五项修炼——学习型组织的艺术和实务 [M]. 上海:上海三联书店,1998:79-83.

因此,建构学习型组织是教师专业发展的重要目标。这个目标的确立,使得教师专业发展凸现了"学习 + 激励"的理念,通过将教师队伍创建为一个有效的"智慧型组织",促进教师的专业发展和自我发展,培养大批"学而不厌"的教师,使他们通过学习适应教学改革的需要,不断提高创新意识,达到"诲人不倦"的人生境界,提高教师队伍的整体素养,并不断满足社会对高质量教育的迫切需要。

（1）不断自我超越。自我超越是提高教师发展的动力。在科学技术高速发展,知识迅速更新的时代,学习成为生存的先决条件。唯有比竞争对手学习得更快更好,才能在激烈的竞争中立于不败之地。

（2）改善心智模式。心智模式是一个人思考问题、观察世界的基本模式,这是提高教师素质的重要基础,是一种能够引起学习行为、观念方法以及知识结构、思维方法、技能技巧、行为习惯等向好发展变化的学习。与此同时,要以挑战自己的思维为起点,通过自我检视和同伴交流,不断反思自己的教学观念和教学行为,使自身处于不断的改革与创新之中。

（3）建立共同愿景。教师组织共同愿景的形成,不但是建立在每个教师个人愿景的基础上,而且是在鼓励教师不断发展个人愿景的过程中形成的。因为只有将无数愿景强烈的个人组织在一起,才能产生强大的效率;只有满怀热情追求个人愿景的人才会真正关注组织的共同愿景,才能真正意义上实现教师专业发展。

（4）开展团队学习。带有个体分散性特点的教师劳动,不能适应知识激增、更新加快的形势。因此,教师学习还须重视团体学习,在民主、和谐、平等的团体气氛中进行专业对话,通过合作讨论来实施批判、反省和研究,这样才能使学习力转化为实践力。

（5）学会系统思考。中小学教师专业核心素养有 3 个一级指标(即品格修为、知识涵养、教学能力),6 个二级指标(即人格特质、职业情怀、专业学识、通识基础、教学实施、教学设计),18 个三级指标组成。[①]从这意义上说,只有学会系统思考,才能实现教师素养的有效提升。[①]

（二）提升教师职业幸福感

幸福是指个体认识到自己需要得到满足以及理想得到实现时而产生的一种情绪状态。是由动机、认知情感等心理因素与外部诱因的交互作用而形成的一种复杂

---

① 何齐宗,刘流. 中小学教师专业核心素养模型建构研究 [J]. 课程教材教法,2021(4):136.

的、多层次的心理状态。[①] 进入21世纪以来,对教师职业幸福感的研究也越来越被人们所重视。幸福的教师比不幸福的教师能够带给学生更多的快乐和成功。一个没有幸福感的教师是无法给予学生充足自信的。因此,提高教师的职业幸福感,成为教师专业发展的重要目标之一。

幸福是一种状态,是心灵不断成长、发展、完善的过程。同时,幸福也是一个动态过程。心理学家通过研究证实,成功的关键不是简单的努力工作和和谐的人际关系,关键在于人是否拥有持久的幸福感。因为,拥有幸福感的人倾向于寻找生活和工作中新的奋斗目标,凭借其积极向上的情感动力,不断接近成功目标。因此,提高教师的职业幸福感不仅是有效遏制、消除教师职业倦怠的法宝,更成为教师专业情感和态度的最高境界。

(三)实施智慧行动研究

教师专业发展的历史,无一不体现着行动研究的精髓。教育中的行动研究具有3个基本特征:"为行动而研究",其旨趣不在于形成理论,而在于改进实践质量,通过不间断的螺旋往复的过程追求教育实践的完善;"对行动的研究",始终以教育实践中的问题为指向,对实际问题的发现和界定是研究的起点;"在行动中研究",强调教师在研究中的主体地位,既是研究者又是研究成果的应用者,强调教师的反思,以及教师间、教师与专业工作者间的对话和交流。

教师专业发展的核心就是教师专业自主。很多学者都认为教师从事研究能够增强他们的专业性。正如苏霍姆林斯基所说,"如果你想让教师的劳动能够给教师带来乐趣,使天天上课不至于变成一种单调乏味的义务,那你就应引导每一位教师走上从事研究这条幸福的道路。"[②] 一方面,教育行动研究提供了检验和改进教学实践的方法,将教学实践置于系统的理论知识和教学研究基础之上,它有助于发展教师的批判性自我反思意识,拓宽教师的专业自主;另一方面,通过教育行动研究不断总结经验和接受专家指导的过程,教师的教学能力、技能技巧得到了提高,科研能力也进一步加强。

教师行动研究的过程,是教师专业发展的过程,是教师在教学实践中,不断学习建构知识和能力体系的过程。行动研究强调行动与研究的密切关系,能让教师在专业发展中获得更多的理论指导,提升其专业发展水平,是教师专业发展的敲门砖。

---

① 李宏伟. 对教师职业幸福感的研究 [J]. 教育纵横,2006(5):57-58.
② 叶澜. 教师角色与教师发展新探 [M]. 北京:教育科学出版社,2001:222-225.

二、教师专业发展规划构想

在教师智慧发展的征途上,其战略蓝图如何描绘,目标如何推进?实施过程中采取什么行动计划?诸如这般的一系列问题摆在了我们的面前。教师专业发展规划迫在眉睫。

(一)总目标

构建具有智慧特色的教师培养与关怀体系,建设一支师德高尚、具有国际视野和现代教育理念,具备现代教育专业技能的高素质智慧型师资队伍和管理人才队伍。

(二)具体目标

(1)针对新教师、胜任型教师、骨干型教师和名师型等不同层次的教师,积极开展针对性培养,促进他们专业素养和专业能力的提高,努力使相当一批教师通过系统规范的专业培训,在综合素质、教育教学实践和管理能力上均有显著提升;在理论知识、教学技能和科研水平诸方面得到较快发展。

(2)使绝大多数教师形成教学、研究和学习三位一体的专业生活方式,深化基础教育课程改革,推进区域教育事业的整体发展和学习型社会的建设。

(三)主要措施

(1)要在各级政府的大力支持和全社会的关心下,加强领导,提高认识,建立健全有力的教师专业发展领导机制。

(2)重视教育管理干部的培训,提高教育管理干部队伍的素质,更好地保障教师专业发展工作的顺利进行。

(3)建立校长责任人制度,积极引领并组织学校开展卓有成效的教师专业发展工作,促进不同类型教师的专业发展。

(4)与高校等高层次教育机构密切合作,开展样式多元、高质高效的师培干训活动。走出去和请进来,资源共享、优势互补,为打造高素质的教师团队提供高位引领。

(5)充分发挥区域教育指导机构的优势,探讨师培干训的共同规律和有效模式,区域教研和校本教研相结合,大力推进校本研修,使每一所学校形成各具特色的研修模式。

(6)充分发挥教师在培训中的主体作用。鼓励全体教师积极参与规划实施,在教育教学实践中提升专业精神,形成反思态度和一定的研究能力,具有终身学习的自觉性。

(7)充分挖掘和利用国内外优质教育资源,建立多层面的合作伙伴关系,以高标准团队研修、高质量专题研修、高水平校本研修、高效能智慧减压的远景设计和操作方案,切实提升教师专业素养。

(8)高度重视创新技术在教师专业发展中的作用,为中华民族伟大复兴,为教育的高质量发展培育创新型教师,与时俱进,赢向未来。

教师发展规划的制订最好以五年为一时间段,与国家发展规划同期,符合社会发展的规律,有利于与时俱进,与社会发展同步。

第二节　政府对教师专业发展的责任与作用

在社会发展的进程中,基于资源和组织优势,政府必然在许多方面处于主导地位。一个优秀的、负责任的政府,会通过不断调整自身的定位来积极影响教育发展的进程。区域基础教育的发展历史证明,教育的发展与地方政府的扶持密不可分。地方政府高度重视基础教育发展工作,并提供了切实的政策扶持和资源支持。优质的教育也为地方政府形成了无形的资产,成为招商引资、吸引人才的招牌,同时为地方政府创建智慧型城区提供了一支中坚力量,提升了城区现代化形象。

一、地方政府在教师专业发展中的定位

如果说发展教育是政府义不容辞的责任,那么做好教师专业发展工作也就是地方政府义不容辞的责任。"教师是教育事业的第一资源"首先体现了基础性,师资是构成教育条件的首要资源;其次体现了先导性,教师专业化走向引领教育理念的新潮流,反映改革发展的新趋势。也就是说,教育在社会经济发展中具有优先发展的战略地位;教师专业化在教育发展中处于优先发展的战略地位。"一个全民学习、终身学习的学习型社会不能把教师专业发展置于边缘状态;一个低素质师资充斥的国度不可能实现全面建设小康社会的目标。"[1]因此要充分利用市场竞争机制,发挥教师个体的积极性,建立教师终身学习不断学习的动力机制;更要强调政府的义务和责任,这是教师专业化发展安身立命之本。

① 管培俊. 关于教师专业发展改革发展的十个观点 [J]. 教师专业发展研究:2004(7):52-57.

地方政府正在对基础教育承担更多的责任。通俗的话讲,就是给经费、给政策、给监管。首先是增加教育投入,调整教育投入的体制和政策,逐步提高教育投入占GDP 的比例。其次是建立规范的教育财政逐级转移支付制度。而转移支付制度的核心,就是确定各级政府的教育财政责任,根据教育经费的需求和各级政府的能力来确定各级财政的支付额度。包括确保教育经费的"一个及时",即及时拨付义务教育费和教育附加费。"两个优先",即在预算安排上,优先增加教育投入;在专款拨付上,优先考虑教育需求。

作为一个基础教育现代化先进城区,青岛市某区社会经济发展迅速,人民群众对教育的需求,早已从能不能受到一定年限的教育转变为能不能受到良好的教育。如该区 1994 年就已经解决了普及九年制义务教育的问题,学前幼儿受教育率,残疾儿童、流动儿童和小学初中适龄人口入学率均为 99.8%,小学在校生和残疾儿童辍学率为 0,成为山东省义务教育示范区、山东省"双基"工作先进区。为全面提升学校现代化办学水平,该区在全市率先实现了"校校通""班班通",100% 中小学成为高水平现代化学校,2021 年成为首批"山东省智慧教育示范区"创建单位。这些"政绩"恰恰反映了地方政府对教育的责任。

二、地方政府在教师专业发展中的作用

(一)经费保障

对于教育,目前地方政府直接管辖的主要是义务教育。义务教育具有公共产品的属性,国家宪法等各种政策法规明文规定,政府应当真正承担起责任,成为义务教育的供给主体。2000 年,党的十五届五中全会通过《中共中央关于制定国民经济和社会发展第十个五年计划的建议》,提出"教育是培养人才的基础,对经济和社会发展具有先导性、全局性的作用,要适度超前发展"。《国家中长期教育改革和发展规划纲要(2010—2020 年)》明确提出,义务教育全面纳入财政保障范围,实行国务院和地方各级人民政府根据职责共同负担,省、自治区、直辖市人民政府负责统筹落实的投入机制。这些先后出台的重要文件充分说明:"无论是在宪法层面上,还是在具体的政策法规实施细则上,无论是中央政府还是地方政府,其实早就达成了一个共识"[1]——义务教育的经费来源落实在县乡(镇)级政府,并在教育法中划分了各级政府的职责。

① 黄立华.政府是义务教育筹资的主体[J].新长征,2006(9):60-61.

政府为义务教育筹集的资金,不仅可用于生均经费的储备。"政府要通过法律的、行政的和经济的手段,对教师专业发展的改革发展进行宏观管理、正确导向,并予以强有力的支持。这一点要非常明确。教师培养需要国家支持,教师培训更需要国家支持。"①尤其在完成了基础教育基本配备的先进区,更应该合理设置和高效发挥义务教育教师发展经费的作用。

从与中国教育学会合作建立教师培训基地到与华东师范大学、北京师范大学、东北师范大学等大学的教师培训机构合作,该区通过"后备干部高级研修班""名师型教师培训班""骨干教师培训班"等形式,举办了百余期培训班,引入数百名专家、学者,建构多元化多层次教师专业发展共同体。这些都在表明,政府对教育的扶持,已从对生均教育经费或教学条件的改善转移到教育的优质均衡发展,转移到高质量教师队伍的建构上来,教师专业化发展明确提上区域教育发展日程。

(二)政策调控

地方政府通过完善政策、健全制度、规范管理、加强监督等方式,对教师专业发展予以强有力的支持,通过宏观管理、政策导引,调节和解决教师专业发展的根本问题。

从2001年《国务院关于基础教育改革与发展的决定》提出"完善教师专业发展体系,深化人事制度改革,大力加强中小学教师队伍建设"到《国家中长期教育改革和发展规划纲要(2010—2020年)》明确提出"建设高素质教师队伍"目标。政府从未停止过教育人事制度改革的步伐。教育人事制度改革不仅仅是建立教师专业发展的竞争机制,更重要的是借助政策调控与行政手段为教师专业发展创造良好的制度环境。这期间,国家教育行政部门先后颁布了《教育部关于推进教师专业发展信息化建设的意见》《教育部关于加强专科以上学历小学教师培养工作的几点意见》《关于进一步加强县级教师培训机构建设的指导意见》《关于加强师德建设的意见》《中小学教师专业标准(试行)》等一系列政策文件,从各个角度宏观调控"教师专业发展"方向。该区把握教育政策的脉搏,着眼面向实践、注重专业、深层建构,确定了区域教师专业发展的方向与目标,也调控和引导着区域内部以校为本的学校教师发展规划的制订与实施。

---

① 管培俊.关于教师专业发展改革发展的十个观点[J].教师专业发展研究,2004(7):52-57.

（三）督导评估

《中华人民共和国教育督导条例》规定，"教育督导是人民政府对教育工作进行的监督和指导。教育督导机构行使人民政府教育督导职权，对下级人民政府的教育工作和学校及其他教育机构工作进行督导"[①]。同时指出，"人民政府应当为教育督导机构提供必需的工作条件"[②]。教育督导机构的督学执行公务时，需要"向人民政府及其相关部门反映情况，提出意见和建议"。[③] 从 2012 年到现在，仅和教育督导有关的文件，国家颁布了 26 个，包括《中共中央办公厅、国务院办公厅关于深化新时代教育督导体制改革的意见》，山东省颁布了 11 个，青岛市颁布了 22 个[④]，该区目前正在申报的"义务教育优质均衡发展区"项目就是贯彻执行了教育部关于印发《县域义务教育优质均衡发展督导评估办法》的通知（教督〔2017〕7 号）和山东省教育厅关于印发《义务教育优质均衡发展县（市、区）创建工作方案》的通知（鲁教督字）〔2017〕3 号等文件的要求。

地方政府教育督导室是地方政府设在区教育行政部门的教育督导机构，负责教育督导工作的监督、指导、检查。地方政府通过这一部门，以过程性评价、终结性评价与督察一日行相结合的方式，定期督导评估该区教育行政部门对教师专业发展的经费使用、机制改革、制度建设、措施执行、实效指导的具体情况，依法对该区教育行政部门在教师专业发展工作目标方面的落实情况进行跟进和督查，对有关问题进行调查了解，并及时向地方政府或教育行政部门提出意见和建议。

（四）硬件扶持

政府对区域教师专业发展的扶持和促动还直接体现在对教师培训机构的建设上。教育部先后出台了一系列文件，如《教育部关于开展示范性县级教师培训机构评估认定工作的通知》（教师函〔2005〕4 号）《国家中长期教育改革和发展规划纲要（2010—2020 年）》等，这些文件都明确提出，要在县（区）政府和教育行政部门的领导下，通过适合本地实际情况的方式，把进修学校、教研室、教科所、电教馆等机构的力量整合起来，按照"小实体、多功能、大服务"的原则，逐步建成本地区现代化的新型教师专业发展指导机构。

---

① 参见《中华人民共和国教育督导条例》第一章第二条．
② 参见《中华人民共和国教育督导条例》第二章第九条．
③ 参见《中华人民共和国教育督导条例》第三章第十五条第四款．
④ 教育督导常用政策法规文件汇编，青岛市人民政府教育督导室，2021：169.

县（区）级教师培训机构是我国教师专业发展体系中最基层的培训机构，在一定程度上决定着区域教育的发展质量。面对经济一体化、教育国际化、人才多元化的发展趋势，区委、区政府支持建设的"区域教育研究指导中心"，集"科研、教研、培训、信息技术"四位为一体，既是中小学教师的学习与资源中心，又是教育政策咨询和服务中心，还是中小学教师专业化发展的指导与培训中心。

（五）资源配套

政府除了直接引导教育发展方向之外，努力调控社会资源，积极为教育发展建设配套的第三部门，拓展教师训练与发展的资源空间，也是加快教育现代化和教师专业化发展进程的有效途径。

"所谓第三部门，又称非政府组织或非营利部门，即 NGO。它是不以营利为目的向社会提供服务的组织，是相对于作为第一部门的国家体系和作为第二部门的市场体系而言的。"① 它包括各类社会团体、民间团体、基金会组织等。第三部门"作为实质性的社会组织形式已经在西方社会存在了几百年，现在已经影响到非常广泛的社会领域，世界上几乎所有的国家，特别是西方社会都存在着数量庞大的第三部门。"20 世纪 90 年代以来，我国实行市场经济体制，确立"小政府、大社会"的改革目标，政治体制改革、经济体制改革和政府职能的转变为第三部门的发展提供了较为宽广的空间。国务院先后颁布了《社会团体登记管理条例》《民办非企业单位登记管理暂行条例》《基金会管理条例》3 个行政法规，对第三部门的发展进行管理。如各种"教育学会""心理学会"、学科专业研究会性质的社会团体，凝聚了大量教育尖端专业人士，形成了教师专业化发展的潜在资源；他们的各类义务帮教活动在教师专业发展中起着非常重要的作用。

目前，在青岛市民政部门正式注册的第三部门包括青岛市教育学会、青岛市心理学会、青岛市心理健康教育学会等各类社会团体和民间组织。这些第三部门的工作，开发了社会团体的力量，填补了教育发展中的空白地带，满足了青岛市以及各区市教师专业发展的需求。政府如果能够有计划地培养和促成这些第三部门与教育部门的结合，或者直接为教师的发展购买和提供这类第三部门的服务，将会加快教师专业化发展的进程，提升教师的专业智慧，为建设高质量的人民满意的教育添砖加瓦。

---

① 张扬生. 第三部门与中国教育现代化 [J]. 教育情报参考，2006（8）：33-34.

（六）国际交流

2017 年 12 月 1 日，习近平总书记在中国共产党与世界政党高层对话会上的主旨讲话强调："世界各国人民应该秉持'天下一家'理念，张开怀抱，彼此理解，求同存异，共同为构建人类命运共同体而努力。"在世界大同的今天，中国的教育要腾飞，离不开继承与发展，同样离不开的是开放与创新。政府积极开发教师专业发展的国际合作项目，引进教育基金，优化教育交流的资源，为区域教师专业发展打开通向世界的窗口。如"中国—联合国儿童基金会教育合作加强师资培训项目"，仅 2002 年就为师资培训项目获得授权经费约 192 万元人民币，完成项目活动 94 期，其中国家级 10 期，省级 15 期，县级 57 期。活动内容主要为"爱生学校"师资培训试验、基础教育新课程师资培训、培训资源建设、硬件支援、评估项目等。项目活动的直接受益人数为 1890 人。[①] 政府与英特尔公司合作实施的英特尔未来教育中学教师培训项目，在 18 个省、自治区、直辖市培训了 11.5 万名中小学学科教师[②]。

除了国家层面，地方政府也先后支持中小学校长、教师赴美国、英国等地学习考察，很多学校也与世界各地的不少学校建立了友好交流关系，如某校以橄榄球为媒介，与新西兰、英国等地的学校建立了联谊学校关系。近年来，两校师生深入互访 6 次，访问师生达到 120 余人，学校教师代表也深入新西兰小学课堂，感受新西兰教育与中国教育的异同。课后双方老师们针对课程的设置、教学的形式以及教育的个性化差异等问题进行了研讨与交流，站在国际的视野上思考着教育的未来。

第三节　教师发展指导机构改革与功能发挥

某区教育和体育局下属的原区教科所、区教研室和区教师进修学校三个部门，虽然成立的时间有早有晚，但都各有分工，独当一面，为该区教育事业的发展做出了重要贡献。1999 年为方便基层学校，同时也为了促使三个部门平日加强沟通与协作，区教体局将三个部门，迁到一幢办公楼中。但是由于三个部门三套领导班子，工作上仍然是根据各自上级业务部门的部署，按原有的轨迹，发挥着各自的作用，以"三线平行"互不交叉的形式运行，并没有达到相互沟通、相互协作的目的。三个业务指导部门之间的相对独立性与基层单位对"政出多门"指导要求的无所适从性日益

---

① 丁杰整理 . 中小学教师专业发展新进展 . http//www.souchang.com.

② 丁杰整理 . 中小学教师专业发展新进展 . http//www.souchang.com.

凸显。

　　作为全国首批课改试验区,中国教育学会18个教改实验区之一,如何担当起适应课改需要的全员通识性培训、学科课程标准培训、课程的区本优化、教学方式和评价方式的探索等任务? 集"科研、教研、培训、信息技术"四位为一体的区域教育指导机构应运而生。

一、为需而建

　　任何社会机构的存在,都是以满足某种社会需要为前提的。半个多世纪以来,区域教育指导机构从无到有,逐步发展。《教育部关于加强教师培训机构建设指导意见》指出:"要积极整合教师培训、教研、电教等相关部门资源,优化资源配置,努力构建新型的现代教师发展机构。"

　　首先是教师专业发展需求空前高涨。教师作为专门职业应具备专业知识、专业技能和专业态度三方面素养。专业知识包括本体性知识(所教学科知识)、条件性知识(教育类学科知识)和一般文化知识(哲学、社会科学、自然科学等方面的常识)。专业技能主要指教育教学能力技巧。专业态度包括专业理想、专业情操和专业形象,核心内容是师德。这个专业素质的结构,不同时期包含的具体内容和要求是不同的。随着时代的进步、科学的发展,各学科知识的更新,教师的专业技能、专业态度,也随之注入了新的内容,如新课程改革要求教师具备自我反省和发展的能力,教育教学研究的能力,了解学生并能进行有效沟通的能力,教育资源运用和开发的能力,教学设计、监控及现代信息技术运用的能力,教学测量与评价的能力等等。

　　教师的专业技能和专业态度需要在丰富多彩的教育实践情景和长期的师生互动中,反复的体验、思考、感悟、总结中逐步习得。同时教师的专业能力和专业态度具有很强的个性化色彩,需要通过教师个人批判性的理解、分析、体验,逐步内化为指导自身行为的个人理论、个人观念和信念。构建新型区域教师专业发展指导机构迫在眉睫。

　　其次是深化课改需要形势逼人。基础教育课程改革的目标是实现我国中小学课程从学科本位、知识本位向关注每一位学生发展的根本转变,教师的教育思想、教育观念,乃至教师习以为常的教学方式、教学行为都要有根本的转变。这就要求教师培训机构逐步向现代化的教师专业发展指导机构发展,努力完成培训、科研、指导、开发、咨询、服务等多种职能。

二、为能而施

(一) 规划引路

机制的原意是指"机器的构造和工作原理",后来被引申为"有机体的构造、功能及其相互关系"。也就是说合理的组织建立以后,还需要一个有效的管理控制系统作为保障,即对复合型教师专业发展指导机构的职能与定位进行规划设计。

(1)从实际出发建立一个以提高教育质量为中心,保障科研、教研、培训、信息技术职能作用整合发挥的区域教师专业发展指导机构。

(2)建立旨在充分挖掘和调动教师工作积极性的管理和运行机制,进一步探讨诸如人力资源开发、评价、调控与指导机制的必要性和可行性,为教育指导提供可借鉴的经验。

(3)建立学习型团队,逐步形成一支既有共同价值观念又有明显个人风格的专家型指导者队伍。

(二) 机制重建

1. 内部机制重建

(1)构建"四位一体"运行机制。

一是建立职能整合的管理机制。即坚持整体性原则,关注每个部门与中枢系统的关系,尤其是在合理的组织和协调下,更大地发挥系统中资源的整体效能。经纬网络式管理方式为其中的一种。即经线上,各部门根据其工作职责由各分管主任具体负责日常工作;纬线上,根据学科以及科研课题的研究方向进行基于项目的二次分工,形成经纬交错、纵横交叉的管理网络,使各部门在日常工作中逐步形成了互补互促、互相协调的运作机制。

二是建立交流联动的合作机制。新课程改革提倡合作与互助,一个机构机能的高效发挥同样离不开职能部门之间彼此的合作。复合型教师专业发展指导机构重大问题的决策过程均采用办公会制度,领导班子共同参与,群策群力,使整个决策的过程达到思想上的统一,从而保障了工作上、行动上的协调一致。工作执行过程则采用联动机制,即研究课题要共同承担,教学任务合作完成,业务管理活动共同参与,从而基本实现了机构和教师学术能力的有机结合、优势互补。同时采用交流机制,通过部门交流会使全体干部教师在日常工作中能够及时地了解不同部门的近期工作思路、工作重点及工作方法,在互通有无中实现对基层学校教学工作的组织管理、内容管理、过程管理,提高了学校发展的科学性、规范性和实效性。这样的运作模式有利于教育资源的优化重组,有利于机构功能的充分发挥,有利于增长区域教育研究指导机构教育的效益,有利于提高整体的工作水平。

(2)塑造复合型学习型团队。

真正出色的组织,是那些能够使全体成员全心投入,不断学习的组织。复合型教师专业发展指导机构需要一支高水平、高质量、高效益的教师队伍,学术型职能定位、以激励和沟通为主要手段的内部管理机制、积极向上的团队精神和个体的学术水平,是实现该中心职能整合并发挥效能的重要因素。因此,以内涵发展为基点,建立复合型学习型组织,是机制改革的一项重要目标。

比如通过自培、定期的学习与交流形成一种"没有最好,只有更好"的学习机制,教师学科知识与技能不断提高,教育理论素养更加深厚,教育前沿视野不断开阔,教育科研能力不断增强。通过《调研指导日工作制度》《教师下基层听课制度》等,将机构的工作重心转向学校,走进课堂。变过去的以"检查"为主,转向以"研究"为主、"鼓励"为主、"服务"为主;教师的角色也由过去的"专家""领导""检查者"成为参与者、合作者、研究者,与基层干部、教师站在了一起,与课改同行,与教师一起成长。

2.外部机制调整

在一个系统中的运行过程中,控制与管理不可分开。职能整合的目的是实现系统的整体优化,提高系统整体的管理效能。复合型教师专业发展指导机构在内部机制改革的同时着眼于外部调控与指导机制的建立,建构一个全方位的控制与反馈系统。

(1)以评价导航建立调控机制。

正如评价是新课程改革深入发展的关键一样,区域教师专业发展指导机构外部运行机制的发挥首先要确立的就是以发展性评价为理论基础,将区域教师发展这一宏观目标细化分解,建立丰富的效能性评价制度,构建区域教师发展性评价体系。

如《区域教师专业发展教学水平评估标准》运用教师发展评定杠杆,引导学校走出教师考核过于强调"约束""限制"的误区,将目标指向教师工作的改进与提高,从而逐步走向教师专业化发展之路。根据这一标准,对胜任型、骨干型、名师型教师实施三个层次的评估标准,坚持"分层评价、动态管理"的原则,激励教师不断进步、不断创新,为基层学校制订培养计划,为教师制订个人发展计划提供依据。《校

（园）本培训规定》则从十二个方面提出了开展校本培训的具体任务内容与要求。鼓励学校要从学校发展、教师专业化发展的高度，大胆进行制度创新。

（2）以质量为基建立监控机制。

质量是区域教育可持续发展的目标和动力，作为一个复合型教师专业发展指导机构，真实、有效的质量监控与跟踪指导是提高教育质量最直接最根本的职责。如通过实践逐步完善的"精选质检内容→实施多元检测→规范阅卷程序→注重分析反馈→跟踪指导提升"的"质检五步法"，以最及时、最准确的评价反馈引导学校端正质量观念，帮助教师反思日常课堂教学中的问题，调整教学研究的内容和方式，提高教学质量。质检方式由试卷延伸到了朗读、背诵、歌唱、比照性口算考级、器乐演奏等形式；质检内容由知识和技能延伸到了学习习惯、学习情感与学习心理；质检方法由撒网式增加了分块式、比照式等，质检学科从语文、数学、英语逐渐扩展到音乐、体育、美术、科学等学科。

这种从"干了什么"向"干到什么程度"追问，实现了对基层学校教学工作的组织管理、内容管理、过程管理，提高了教育质量发展的科学性、规范性和实效性。同时，随机质检在引发教师展开争论的同时，无形中也促使着教师进一步研究教材、研究课标，进一步反思如何提高课堂教学的质量。

（3）激发校本功能建立指导机制。

要改变教师团队、学校发展不均衡的现象，就要在校际交流的基础上实现学校之间的合作与互助。随着课程改革的深入开展，区域教育研究指导机构功能的发挥越来越需要与学校零距离的关注和对话，以"工作重心下移"为指导思想，超越调控走向校本。

调研指导日制度，实现了对学校整体指导功能的有效的发挥。它利用一个工作日调动该机构多个部门或多个学科的教师对一所学校进行协同评价调研指导。通过听评课、访谈、查阅资料，参与研讨等方式，找出学校教学目前规律性、倾向性和共性的问题，做出科学诊断，提出改进措施，当天向全校干部做出反馈。由于评价方法科学，评价态度务实，改进效果显著，使得这项工作深受基层学校的欢迎。

研训辐射制度，通过听一节课带一个学科组的做法不仅使听课班的师生受益，更在带领学科组教师展开小型校级研讨的过程中帮助同一学段的教师团队将研讨中学到的理论与方法及时有效地运用到课堂上，避免理念操作形式化的问题，提高了整个学校的教学质量。

立体教研机制,构建了"区级—片级—校际—校本"立体多元的教研网络。研讨内容上,聚焦新课标,体现教研的针对性和导向性;研讨效果上,注重实用和迁移,突出解决实践中观念与行为的脱节问题。区级教研,采用专题研究、案例剖析、研培一体、同课异构等形式,把握改革方向,突出指导性;片级教研,充分发挥兼职教研员的组织作用,突出研究重心下移,不回避教学中的疑难问题,加快从问题提出到解决的速度;校际的教研,鼓励名校充分发挥模范带头作用,与兄弟学校联合结对,有效互助,以教育会诊为主要形式,理论联系实际地解决教学中教师的困惑与难题;校本教研则以教科研融合式、学科整合式、协作集备式、专家引领式等方式,进行基于学校实际和教师需要的实践研究,对教师自身的行为进行反思,对教学出现的问题进行探究,对积累的经验进行总结,继而形成规律性的认识。

三、反思启示

(一)重在改革的过程

教师专业发展指导机构是一个以从事中小学教育科学的应用性与推广性研究、教育教学指导及教师的继续教育为主的学术指导部门,同时兼有一定教学业务管理职能,是具有一定公共事务管理职能的事业单位,具有综合性、传承性、基础性和相对独立性等特点。

对教师专业发展指导机构而言,机制创新是必由之路但不是目的,机制的创新必须切合实际,要坚持事物生存和发展的条件性,既要充分利用现有条件与资源,不等不靠,又要争取政策,创造更有利的条件提高管理效能;不仅要看到各项工作的多样性和有限性,而且还要把握整合过程中的复杂性和可变性,将机构改革纳进社会改革的大背景中,考量现有资源和力量的开发,对现有关系的理顺和调整,逐步实现职能的整合与管理的高效。

(二)不断地制度创新

制度是要求大家共同遵守的办事规程或行动准则。在一个成熟的社会里,制度会保障和促进社会的健康发展。教师专业发展指导机构管理挑战的难点在于我们不能也不应简单地否定制度管理,虽然区域教育研究指导有别于基层学校,但是不能也不应提倡无制度调控下的自由状态。如何避免制度脱离工作目标和工作实际造成的规范有余、创新不足的局面?调动发挥每个人的主动性和创造性是关键所在。可见,为大家的创造性活动开辟更为宽松的活动空间,鼓励支持教师具有创新精神并大胆实践,及时发现并采取恰当的措施减少负面影响,是复合型教师专业发展指导机构制度改革的原则和出发点,即建立必要的制度保持机构发展运作的连续性、稳定性、创新性。

(三)走向教师的"多位一体"

区域教育现代化的目标是实现人的现代化。区域教师专业发展指导机构改革的最后落脚点也必然落到人力资源的开发上。从这个意义上说,区域教师专业发展指导机构改革真正理想化的状态是实现其专职教师个体的多位一体,即让每一位教师成为集科研、教研、培训、信息技术等能力于一身的学者型教师。

探索是没有止境的。实践是检验真理的唯一标准,期盼改革进程中的回顾与反思会让我们的机制改革之路走得更加坚实、长远。

第四节　发展性评价激励教师专业成长

教师评价,是指通过对教师素质以及教师在教育教学工作中的行为表现状况的测量,评判教师的素质水平和教育教学效果,为进一步提高教师的素质水平和教育教学质量提供切实可行的建议。[①] 教师评价的内容包括两个方面:一是教师本身所具有的素质;二是教师在教育教学中的行为表现。开展教师评价应当做到两者兼顾。教师评价的基础是测量,在测量的基础上再进行评判,评判的目的是向教师提出建议,以促进教师发展。

一、理念定位

(一)内涵:指向教师的专业发展

发展性教师评价是以可持续发展理论为指导,以促进教师发展为目的,依据目标、重视过程、及时反馈、促进教师素质全面发展的形成性评价,主旨理念有以下四点。

1.评价以促进教师的专业发展为目的

发展性教师评价是一种形成性评价,是一种面向未来的评价,它不仅关注教师的过去,而且还根据教师之前的工作表现,确定教师个人未来的专业发展需要,制定

---

① 张德伟,何晓芳. 新课程与教学改革[M]. 北京:北京出版社,2005:240.

教师个人未来的专业发展的努力方向。

2. 强调教师在评价中的主体地位、民主参与和自我反思

对教师的评价必须发挥教师本人的作用,突出教师在整个评价过程中的主体地位,不仅把教师看成评价的对象也看作评价活动的积极参与者,评价者应通过与被评价教师建立平等的合作关系,鼓励教师民主参与、自我评价与自我反思。

3. 重视教师的个体差异

教师在人格、职业素养、教育教学风格、师生交往类型和工作背景等方面存在很大差异。发展性教师评价主张评价应尊重这种差异,并根据这种差异,确立个性化的评价标准、评价重点及相应的评价方法,明确地有针对性地提出每位教师的改进建议、专业发展目标和学习需求等。

4. 主张评价主体多元化、多渠道为教师提供反馈信息

发展性教师评价是一种动态的评价。不仅学校领导是发展性评价的主体,被评教师本人也是主体,此外,同事、学生、家长等都应共同参与评价。发展性教师评价强调为同事、学生和家长创设积极参与评价的氛围,同时被评教师要端正态度,认识他人评价所提供的信息对于自己改进和发展的作用。

(二)趋势:倾听教师的声音

1. 突出老师在评价中的主体地位

让教师认同评价、支持评价并积极参与评价,是发展性教师评价所包含的十分重要的观念。近年来,倡导教师自我评价是突出教师主体地位的典型表现。在自我评价的过程中,教师收集有关自己的教学数据,对其进行判断和反思并考虑提高和改进的途径。谁最了解教师、教师的工作背景是怎样的,教师工作中的优势和困难是什么,教师想从评价中得到什么,教师本人最清楚。

2. 恰当处理业绩评价和发展性评价的关系

在教师评价中,适合在某个时间段内给教师的业绩和能力做评价,达到监控教学质量的作用。发展性评价则适合长期使用,目的是帮助教师诊断问题并帮助教师改进教学。当评价显示教师没有达到业绩目标时,不应该只考虑教师出了什么问题,而是要思考教师为何会存在不足,反省所给条件是否恰当,所设立的业绩目标是否恰当以及怎样通过培训或其他手段促进教师发展。

3. 将明确的评价标准和个体化评价相结合

教师评价要有明确的标准,这些标准对于提高评价的准确性和客观性是必要的,也为教师提供了努力的方向和目标。但以往的评价在追求明确的评价标准时,忽视了教师的个体差异和教学背景,用统一的、唯一的标准来衡量所有的教师,将教师限制在所谓的标准范围内,这会损害教师的教学创新和自身潜能的发挥。因此,评价应是"合理的"评价,而不是"正确的"评价。发展性教师评价强调关注教师个体差异,鼓励教师发挥自己的特长,形成个性化评价。

4. 构建多元参与评价的民主机制

在评价中倾听教师的声音,并不意味着无限夸大自我评价的作用,而是以多元的动态的评价替代单一的、静态的评价。即评价主体要多元化,以教师自评为主,校长、教师、学生、家长共同参与评价,以多渠道地获取和反馈信息,促进被评价者的发展。构建评价多元参与的民主机制还要注重评价过程中评价参与方的交流与沟通,及时纠正评价中的偏差,反馈评价过程中的有关信息,探讨评价中反映出的问题并展望未来的发展。[①]

二、体系架构

区域教育部门将开展教师发展性评价作为区域教师评价体系的重要组成部分,关注教师的发展背景和基础,关注教师发展的个体差异,通过多种渠道收集体现教师教学表现和水平的资料,鼓励教师积极参与到评价中并反思自己的教学,提高教师的职业素养和教育教学能力,激发教师不断改进教学的主动性和创造性,促进教师自我价值的实现和提升。

(一)分层评价搭平台

培养高素质的教师队伍,构建区域教师专业发展的"金字塔",形成教师队伍的梯队化,是区域教师专业发展的关键性问题,即以教师队伍的梯队化评价推动教师发展的专业化。比如面向全区教师进行的胜任型、骨干型和名师型教师的评定。

胜任型教师,指热爱本职工作,具有一定师德修养,具备一定教育理论、专业知识和教学技能,能够胜任教育教学工作的教师。骨干型教师,指敬业爱岗,具有较新教育理念、丰富的教育理论和专业知识,具备良好心理素质和教育教学能力,教学成

---

① 赵希斌. 国外发展性教师评价的发展趋势 [J]. 比较教育研究,2003(1):72-75.

绩优良,在学校发挥骨干带头作用的教师。名师型教师,指具有高尚的师德修养、先进的教育理念、丰富的教育智慧和较高的研究能力,能够针对学生实际因材施教,教学业绩突出,在区域发挥示范、引领与辐射作用的教师。这种分层次评价为教师搭设了专业成长的阶梯,勾勒了教师专业发展的愿景目标,收到了良好效果。

在胜任型、骨干性、名师型教师评选的基础上,为促进区域科研工作全面、深入、扎实、有效地开展,全面提升中小学教师在教育科研素质方面的综合水平,可以出台《教育科研实验教师资格认定办法》,通过"自愿申报""校内公示""理论测试""资料审查""随机听课""质量检测"等一系列过程性评价环节,面向全体教师开展科研初、中级教师认定,面向科研干部组织"科研高级资格水平培训班",分层次推出一批学校科研工作的明白人。

教育科研实验教师初级水平资格认定考核内容

教育科研道德(20%):教师的教育科研道德是教师职业的重要内容,主要是指教师从事教育科学研究活动的特殊道德要求和行为规范,包括追求真理、严谨治学、发扬民主、通力协作、勇于创新等。考核方式:综合考察。

教育科研知识(40%):普通教育学、心理学基本常识;教育科研原理和方法;新课程改革的基本理念和各学科课程标准。考核方式:卷面考试及实践作业。

教育科研能力(40%):选题能力;查阅文献能力;观察研究能力;整理分析能力;成果撰写能力等。

这种考核认定调动了基层教师学习、运用教科研理论方法的积极性,营造了人人参与教育科研的氛围,从而为全面提高教师教科研理论水平和实际操作能力提供了可能,而且通过此项认定,引导学校将目标指向教师工作的改进与提高,从而逐步走向教师专业化发展之路。

(二)科学评价促发展

1.评价原则科学化

发展性教师评价重视全体教师参与评价的积极性,使教师能够享有一定的自主权,要求评价者与评价对象之间能够进行交流和沟通。

(1)发展性原则。即从评价"过去"和"现在"转向评价"将来"和"发展"的新理念。要对评价对象的过去和现在做全面的分析,根据评价对象过去的基础和现实的表现,预测性地揭示评价对象未来发展的目标,并引导和激励他们通过发展,缩小与目标的差距。

（2）"三全"原则。即全员评价，包括学校领导和教师在内的全体都是参与评价的评价者和评价对象；全程评价，用动态的、发展的眼光，对教职工工作的全过程进行持续的、周期的、多次的评价；全面评价，在多方面收集信息的基础上进行全方位的评价。

（3）多元化原则。即评价的内容和方法要表现出动态、发展、多样化，杜绝以考试成绩或升学率作为唯一的评价标准。评价主体要多元化，以教师自评为主，校长、教师、学生、家长共同参与评价，多渠道地获取和反馈信息，促进被评价者的发展。

（4）差异性原则。即评价要关注教师的个体差异，对不同发展阶段的教师，既要充分肯定他们的进步，又要指出他们的改进之处，还要提出不同的发展要求，以促使每个教师最大可能地实现其自身的发展。

（5）发展性评价和终结性评价相结合原则。即将立足点放在教师的未来发展上，把教师在发展性评价中取得的进步和成功作为终结性评价的依据，而在教师专业成长过程中发现的不足尽量与终结性评价脱钩。

2. 评价指标多维化

首先，对每一个教师而言，其评价指标主要由三个维度的评价指标体系构成：即素质评价指标（反映教师基本素质）；职责评价指标（反映教师工作状况）；绩效评价指标（反映教师的工作成效）。其次，对全体教师而言，又可分为三个梯次。即基础性发展指标——合格教师须达到的基本要求，适用于对任教后 1～3 年的教师及达到基本任职要求的教师的评价（胜任型教师）；持续性发展指标——在达到基本要求的基础上提出发展的要求，适用于处于快速成长阶段，并在学校中发挥中坚作用，起到示范、带动作用的教师的评价（骨干型教师）；创造性发展指标——创造型教师的发展指标，适用于对成熟阶段，具有独特教学风格，形成自己教育思想和先进教育理念的教师评价（名师型教师）。多维评价指标的建立，构建了完整系统的教师评价指标体系，更加具有针对性和可操作性。

例如，名师型教师评定标准如下：① 任教 10 年以上，连续任教本学科 5 年以上。特别优秀教师可适当放宽 1～2 年。② 具有高尚的师德修养和强烈的进取奉献精神；模范履行《中小学教师职业道德规范》，做到教书育人，为人师表。③ 具有扎实的教育理论和学科理论基础，具有较高的教学素养和课堂教学水平，教育教学业绩突出。④ 具有较强的教科研意识和自我发展意识，在学校中承担市级以上教科研课题或相关子课题研究任务,有相关论文在市级以上刊物发表或取得市级以上认可的教科研成果。⑤ 具有独特的教学风格,并广泛得到学生、家长及同行的认可,在区、市范围内有一定的影响力和知名度。⑥ 在学校中发挥示范、引领作用,能够协助学校领导开展校本研修,每年组织开展 1~2 次学科研讨、课题研究或校本培训活动;曾在区级教育教学研究活动中进行过经验汇报或专题讲座 1~2 次;曾开过本学科市级公开课或成为市级学科中心组成员。⑦ 具有终身学习的意识,继续教育学分符合要求。⑧ 曾荣获市级及以上教学能手、青年教师专业人才、学科带头人等荣誉称号之一,45 岁以上教师可适当放宽。⑨ 名师工作室的一线名师可直接被认定名师型教师。

3.评价方法多样化

由于教学活动多样性、多因素制约性以及评价技术和手段的局限性,使得任何一种教师评价方法都不可能是万能的,每一种评价方法都有自己的特点、长处和缺陷,都有特定的适用范围和界限。因此,发展性教师评价主张把各种评价方法结合起来,例如把定性方法与定量方法,自评与他评,结果评价与过程评价,诊断性评价、形成性评价与终结性评价相结合,这样既可以充分发挥各种评价方法的优势和特长,又可以互相弥补其缺陷和不足,从而使评价的结果更加客观、公正。

4.评价主体多元化

(1)自我评价:教师根据"三型"教师评估标准自我申报,并进行自我评价,可占 20%。

(2)学生评价:根据学生综合素质每个班级分层抽取不少于 15 名学生,根据固定量化指标,尽可能由一名学生同时对多位任课教师进行评价,可占 10%。

(3)家长评价:以问卷的形式,安排不少于 50% 的学生家长对任课教师进行评价,可占 10%。

(4)教师评价:在听取教师工作述职的基础上,由教研组、级部组、学科组教师参加互评,可占 30%。

(5)领导小组评价:在分析各种发展数据,综合教师师德修养、专业理论知识、专业发展态度、教育科研能力、教育教学水平、骨干作用发挥情况等方面的基础上对全体教师进行评价,可占 30%。

这种评价,使评价主体从单向转为多向,使评价过程成为由教师、学生、家长、管理者包括专业人员共同参与的交互过程,以多渠道的反馈促进评价对象的发展,这是教育过程逐步民主化、人性化发展进程的体现。一方面可以从多个方面、多个角度出发对教师活动进行更全面、更客观、更科学的评价,另一方面,由原先的评价对象成为评价主体的教师,在进行评价的过程中,也不再处于过去单纯的被动状态,而是处于一种主动的积极参与状态,充分体现了他们在教师评价活动中的主体地位,这十分有利于教师不断地对自己的教育活动和学习活动进行反思,对自己的活动进行自我调控、自我完善、自我修正、自我管理,从而不断提高教育的质量和效率。

除了教师的自我评价,家长的评价也是发展性教师评价的重要参考因素,因为教育为社会服务,家长作为社会组织中的重要一员,对教育发展的需求和教师的专业能力的要求起到十分重要的作用,因此在发展性教师评价中,各学校要积极开展相应的家长评价活动,家长评价可以采用访谈、学校开放日、家长会座谈以及家长问卷的形式开展。

5. 评价过程民主性

评价要满足教师的需要,要获得全面的信息,就必须保证信息渠道的畅通,保证评价的民主性。即评价者和教师之间是平等的,他们是合作者的关系,而不是监督和被监督的关系。评价的民主性可以促进评价者与评价对象的相互了解,为评价者提供必要的信息,从而使评价者能够洞悉评价对象的实际需要,使评价程序能够符合评价对象的实际情况。[①]

××学校骨干型教师评定标准

(1)学历达标,任职年限最少为5年,一般连续任教本学科3年以上,曾荣获"区教学能手""区青年教师优秀专业人才"或区级其他教学荣誉称号之一者。

(2)严格遵守《中小学教师职业道德规范》。为家长、学生服务,家访工作有特色、有成效。能把德育工作渗透到所教学科当中,所教班级学生学习习惯达标率在95%以上,行为习惯达标率在85%以上。

(3)具有一定的学科理论和知识基础,具有较好的教学素养和课堂教学水平,能熟练运用现代信息技术手段,较高质量地完成教育教学工作,教学成绩优良;非语数英学科教师所带社团成绩优良。

(4)教学态度认真,能认真落实课堂教学五环节,在教学方法、评价方式、作业

---

① 吴麟麟,周西安,符永宏,等. 发展性教师评价探微[J]. 教育发展研究,2003(4):169-172.

布置、批阅等方面有成效、有特色,有创新。扎实做好学困生的转化工作,转化率达90%。

(5)具有较强的团队意识,在团队中能起到骨干带头作用。能够发挥骨干作用,带动教研组及周围教师不断提高教育教学水平。每学年至少在校级及以上教育教学研讨活动中出 2 节示范课,或进行校本研究展示不少于 1 次,积极参与教育科研,并在科研中有所提高和收获,获得各项奖励。

(6)能够保质保量完成学校各项教育教学任务,积极承担学校相关的专题讲座和经验交流任务,每学年至少主动承担 1 次校本培训任务。每学年继续教育学分达标。

(7)近三年出现以下情况之一者一票否决。

① 有违反教师师德行为,家长举报,经查属实,对学校造成不良影响者。

② 由于教师失职,引发安全事故者。

该校制订的骨干型教师评定方案,经过了教代会的评议,得到了全体教师的认可。从评价标准可以看出,这些指标的确立不但与教师平日的教育教学生活息息相关,而且教师的家访率和学科的德育渗透工作已经成为学校领导与教师的共识,以评促教,以评促成长。

(三)动态管理是关键

胜任型、骨干型、名师型教师评价方案,采用动态管理办法,明确了"三型"教师的职责。

胜任型教师的职责如下:① 遵守《中小学教师职业道德规范》的有关要求,认真做好所任学科及班级的教育教学工作,为人师表。② 虚心向名师型、骨干型教师学习,不断提高教育教学水平,丰富教育教学经验;认真备课、上课,能够积极运用现代化信息技术手段胜任教育教学工作。③ 积极参加区域教育研究指导机构组织的各种培训和校本研修活动。

骨干型教师的职责如下:① 能够按照《中小学教师职业道德规范》的有关要求,模范做好所任学科及班级的教育教学工作,爱岗敬业,为人师表。② 能够熟练运用教育教学理论及现代化的信息技术手段,较高质量地完成教育教学工作,学业质量好。③ 积极发挥教育教学骨干作用,带动学校教研组及周围教师不断提高教育教学水平。主动承担学校课题实验任务,能够按计划参与实验过程,写出相应的研究总结或研究报告。④ 每学年在校级及以上教育教学研讨活动中出课 1～2 次,撰写论文获奖或发表 1～2 篇。⑤ 按时参加区域组织的各种培训学习和校本研修活动，并积极承担相关的专题讲座和经验交流任务。

名师型教师的职责如下：① 具有高尚的师德修养，肯于钻研、甘于奉献，模范履行《中小学教师职业道德规范》的有关要求，爱岗敬业。② 具有深厚的教育理论和丰富的教学经验，形成一定的教学风格，能够根据学生实际因材施教，学业质量高。③ 模范发挥名师的示范、引领与辐射作用，积极帮带青年教师，日常课堂教学面向全区开放。主动承担学校科研课题的部分理论指导与课堂教学实验任务，及时传递教育信息，提供合理的可行性计划或建议，协助学校及时总结提升教学及研究工作中的优秀经验。④ 每学年在区级及以上教育教学研讨活动中出课 1～2 次，撰写论文获奖或发表 1～2 篇，积极承担校级及以上研修活动和各类业务培训任务，每年不少于 2 次。⑤ 不断加强终身学习，每学年继续教育学分高于区域教师发展平均值。

三型教师职责的制定，为三型教师动态管理提供了政策依据，对三型教师的工作职责、在学校发挥的作用及每年的培训与学习都提出了明确要求，为教师的专业成长指出了明确方向。

1. 发挥名师的带头辐射作用

名师，是优质教育资源的精华。我们可以通过实施"名师义教"工程，实现名师资源的全社会共享。名师义教工程可由"春雨行动""春蚕行动""春竹行动"三部分组成。

"春雨"行动：特聘山东省特级教师定期为全区教师讲学，发挥省特级教师的示范作用，通过理论讲座和经验交流，让教师获得如春雨般的知识，提高自身的综合素质。

"春蚕"行动：让市学科带头人、教学能手深入学校薄弱教研组，具体指导教师进行备课和教科研工作，像春蚕吐丝般毫无保留地帮助他们提高驾驭课堂的能力、教育科研的能力、现代教育技术的能力。

"春竹"行动：通过定期开展名师热线答疑、网上答疑、名师进社区、帮扶特困生等活动，名师与学生、家长面对面，解答学生和家长的困惑，把教师无私的爱洒向每一个学生，特别是特困生的心田，让每个学生如春竹般节节拔高。

随着名师工作的深入开展，为进一步探索优秀教师的培养规律，培养新一批教育家型教师、学者型教师。《名师工作室认定办法》应运而生。它要求学校首先建立校级名师工作室，每年拨付一定专款支持名师工作室的工作，带教青年教师，定期开展教育教学研究,承担校级以上研究课题,协助学校完成教研、科研课题的开展和结题工作,区级名师工作室的认定则在校级名师工作室的基础上进行。名师工作室通过课例研讨、案例培训或教学沙龙等形式,推广自己的教育思想和教学经验,主动与教师研讨交流,助推教师专业发展。区教育职能部门每年拨付专款用于工作室研修活动和购置学习资料,对业绩突出者予以奖励。

2.打造区域教育骨干教师队伍

为落实教育部关于深化教研机构改革、整合教研力量,建设一支积极为中小学课程改革服务的、有活力的、专兼职相结合的教研队伍,形成多元开放的教学研究机制的要求,该区一直坚持兼职教研员和学科委员会的评选。这些教师不仅是学校教学的骨干,还能协助区教研员开展各类教研主题的落实,完成各级各类的评选。

为激发教师持续的成长热情,该区一直通过青年教师基本功比武、优质课比赛等各类比赛以及教学能手、菁英教师、学科带头人等各类称号的评选,展示教师成长的风采,以赛促评,以评促发展。一年一度的教学年会更是区域教师各类教学成果、教学风格展示的盛会。

区教学年会侧记

2024年1月,为期四天的区教学年会拉开帷幕。来自全区学校的数十名中青年骨干教师在这里展示了各自的专业风格:有的教师激情澎湃,善于用自身的情感感染别人,使大家在浓重的情韵中悟理悟情;有的教师似涓涓溪流,在娓娓述说中"润物细无声";有的教师似慈爱妈妈,在与学生看似不经意的交流中,归纳学法,体悟人生;有的教师似邻家姐姐,与弟弟妹妹们共同游戏,在游戏中获得新知、发展思维,体验学习的快乐……

专业风格是教师发展的一种境界。它是教师在教育教学实践中逐渐形成的教育个性和特色,是在语言的运用、方法的选择、过程的安排及教学情趣、教学风度等方面所显示出的较为成熟、稳定的特点的综合。四天的展示让我们清晰地感受到,在我区中青年教师群体中,富有个性的发展风格已初显端倪。

三、启示及反思

(一)强有力的政策支持是发展性教师评价实施的重要前提

怎样进行教师评价决定了怎样培养老师的问题。顺利实施发展性教师评价,需上级部门和学校不再把考试成绩作为评价教师的唯一指标,也不能以奖惩为唯一的评价导向,而是要为教师的专业发展提供更多的政策支持和发展平台。只有这样,教师才能得到很好的发展,教学质量才能得到真正的提高,才能培养全面发展的社会主义建设者和接班人。

(二)解决教师职业倦怠是发展性教师评价的重要功能

教师职业倦怠最突出的表现是成就感降低、墨守成规、不求上进、不愿付出努力、缺乏对学生的爱心甚至产生放弃教师工作的念头。实施发展性评价,激发教师专业发展的内驱力,提升教师专业发展的效能感,恰恰可以有效遏制或者降低教师的职业倦怠。因此,我们要从预防职业倦怠的视角出发探索发展性教师评价的构成体系和实施举措。

(三)恰当处理评价关系是发展性教师评价的实施关键

教师的个人发展与业绩目标的实现紧密相关,在评价中要二者兼顾。首先,要淡化评比与奖惩。只要教师能达到合格教师的基本要求,能保质保量地完成教育教学任务,就能得到基本奖励。其次,要重视教师的专业成长。淡化不等于不要奖惩。可以通过设立集体奖,鼓励教师之间的合作与交流;可以为优秀教师提供晋升、外出访问、学习等更多专业发展的机会;应该向教师提出职业和个人发展的建议,帮助教师将个体发展和业绩目标协调起来,激发教师的潜能,提高自尊和自信。

总之,一个好的评价,应能将教师的个人反思、同伴互助和专业引领有机结合起来,满足教师个性发展的同时让全体教师在专业上共同进步。

第五节   数字化转型赋能教师专业发展

一次智慧黑板培训的现场,教师中年龄最大的王老师早早就坐在了微机前,在培训教师的讲解下,在培训干部的指导下,一遍、两遍、三遍……"成了,成了",王老师的兴奋感染了在场的每一位教师。在以后的课堂教学中,王老师开始尝试使用智慧黑板中的倒计时、蒙层、游戏互动等功能引入自己上课的PPT中,并教给了学生,在班里成立了数字化研究小组,定期与学生们探讨信息科技、人工智能问题,师生在数字技术水平不断提高的同时情感也更加融洽。面对数字化教学创设的诱人学习氛围,能将知识"化远为近,化虚为实,化难为易"的场面,老教师在惊喜、赞叹的同时,并没有犹豫与后退,而是同年轻人一样,站到了教师技术发展的最前沿,教育数字化转型对区域教师专业发展的作用从上述例子中也可窥见一斑。

一、理解本质

现代社会数字化、多媒化、网络化、智能化的特点使得教育出现了教材多元化、资源全球化、教学个性化、学习自主化、活动合作化、管理自动化、环境虚拟化、系统开放化的趋势，教师数字素养的培养再次被提上议事日程。根据2022年3月国家网信办、教育部、工信部和人力资源和社会保障部联合印发《2022年提升全民数字素养与技能工作要点》，数字素养与技能是指数字社会公民学习工作生活应具备的数字获取、制作、使用、评价、交互、分享、创新、安全保障、伦理道德等一系列素质与能力的集合。

具体来看，数字素养包括：数字意识、计算思维、数字化学习与创新、数字社会责任。其中，数字意识包括：内化的数字敏感性、数字的真伪和价值，主动发现和利用真实的、准确的数字的动机，在协同学习和工作中分享真实、科学、有效的数据，主动维护数据的安全。

计算思维包括：分析问题和解决问题时，主动抽象问题、分解问题、构造解决问题的模型和算法，善用迭代和优化，并形成高效解决同类问题的范式。

数字化学习与创新包括：在学习和生活中，积极利用丰富的数字化资源、广泛的数字化工具和泛在的数字化平台，开展探索和创新。它要求不仅将数字化资源、工具和平台用来提升学习的效率和生活的幸福感，还要将它们作为探索和创新的基础，不断养成探索和创新的思维习惯与工作习惯，确立探索和创新的目标、设计探索和创新的路线、完成实践探索和创新的过程、交流探索和创新的成果，从而逐步形成探索和创新的意识，积累探索和创新的动力，储备探索和创新的能力，同时也形成团队精神。

数字社会责任包括：形成正确的价值观、道德观、法治观，遵循数字伦理规范。在数字环境中，保持对国家的热爱、对法律的敬畏、对民族文化的认同、对科学的追求和热爱，主动维护国家安全和民族尊严，在各种数字场景中不伤害他人和社会，积极维护数字经济的健康发展秩序和生态。[①]

---

① 《2022年提升全民数字素养与技能工作要点》节选，国家网信办、教育部、工信部和人力资源和社会保障部联合印发.

二、发展沿革

（一）硬件投入是保障

中小学计算机教育始于 20 世纪 80 年代中期。学习的内容是键盘指法训练、开机与关机、系统设置、汉字编码方案及汉字输入方法、APPLE 机及中华学习机操作系统的简单介绍、PC 机操作系统介绍；程序设计语言，包括 BASIC 语言程序设计基础和 LOGO 语言等；计算机常用软件介绍，包括字处理软件、数据库管理系统软件、电子数据表格软件、教学软件与益智性游戏软件。

1996 年，某区中小学通过电话拨号联网，传递信息，大大提高了办事效率。区政府《教育面向现代化十年规划》第二阶段实施方案中，先后实现了"各校均有微机室""教研组配备微机，进行微机备课""主要学科教师能用计算机备课，所有教师能使用计算机辅助教学""100％学校建立校园网"的发展局面。

2000 年，该区教体委正式下文成立了区电教站，充实人员、增加投入，使区域信息化教育工作步入规范化轨道。后相继成立了区信息化建设领导小组、区教育信息中心、区电教信息装备中心等，全面负责教体局和下属中小学、幼儿园的电教、信息、装备工作。人员由原电教站、信息中心、教研室、学校的业务骨干以及从社会公开招聘的专业人才组成，下设软件制作室、教学研究室、网络管理室、装备室等部门，分工明确，职责到人。后又将教研室、电教馆、信息装备中心合并，成立了集科研、教研、师训、信息技术"四位一体"的综合性业务指导机构。

1995—1999 年，该区教体局投资进行硬件建设。全区所有学校全部"五机一幕"进教室，建立闭路电视系统和演播室，装备了语音室、多媒体教室、计算机网络教室。2002 年 10 月，该区所有学校建立了校园网，全部实现光纤联接，微机全部进教室和专用教室，并与因特网联接，建成区域教育局域网，实现了教育教学网络化管理。2004 年底，该区教师计算机配备达到一人一机，各校逐步实现了无纸化办公，为实施信息技术教育奠定了硬件基础。2013 年起，该区试点云课堂和电子书包项目，所有学校陆续配备了 1～2 间电子书包教室。2017 年，该区所有教室全部更换为多媒体触摸式黑板，区域教育逐渐走向数字化转型。2020 年，该区所有学校成为市级高水平现代化学校。2021 年成功创建省级智慧教育示范区。

（二）制度建设是依据

加强制度建设和科学规范管理，是信息技术设备正常运转和有效应用的保证。

为充分用好各种资源,可建立《区域教育信息网建设规划》《区域教育信息网建设方案》《区域教育信息主干网管理暂行规定》《计算机网管员培训制度》《区域直播教学技术应用指导规范(试用版)》等一系列制度作为保障。如《教育信息主干网管理暂行规定》就提到了"各单位、部门须配备1~2名网络管理员,负责维护网络节点的正常运行,网络管理员实行技术培训上岗""区信息中心负责教育信息网主干节点间的通信线路畅通及主干节点的网络设备运转正常。各节点自行负责内部网络设备的正常运行、内部节点的网络设施、主机间的互联、子网的畅通。不得擅自将其挪作它用,不得擅自修改其中的配置,不得采用未经同意的其他路由器与教育信息网连接"。这些规定严格规范了学校网络接入的范围和方式,对网络管理人员的职责、IP 地址的分配及网络安全等都做了详细的要求,为信息网络的畅通运行、提供了制度保障。

(三)教师培训是关键

一项技术要应用到工作当中,人无疑是第一要素。在推进教育信息化过程中,对教师进行全员培训无疑是关键。比如某区对全区干部、教师、网络管理员分层次进行了微机培训,总授课达 300 余课时。2001 年,经过培训验收,全区教师通过了计算机一级考试。2002 年下发《关于落实全区教师计算机"四会"的培训通知》,2003 年下发《全区教师计算机"四会"检测方案》,在校内自测的基础上进行了抽测和全员统一检测,"四会"达标通过率为 100%。2004 年,电教信息装备中心对区 45 岁以下教师应用信息技术能力进行了一次考核。考核内容涉及 Windows、Word、PowerPoint 的基本操作和使用以及网络知识的简单应用。从考核结果及格率100%、优秀率 95%看,全区教师初步具有了信息技术素养……随着硬件和软件的不断更新迭代,该区从未停止过技术培训的步伐。特别是 2012 年开始的山东省远程研修和国家中小学智慧教育平台的建立,为教师数字素养的发展奠定了强大的实践基础。

该区还建立了网络管理员档案,实施岗位培训,使他们能够胜任管理,确保信息渠道畅通。该区还一直坚持组织各校网管员集中学习,针对工作中面临的问题,如计算机网络的功能、分类、组成及常用结构,网络协议、网管员职责,网络传输介质、服务器的安装,网管员的日常管理工作等内容分专题进行培训。2003 年举办了网管员"国家网络技术水平"培训和认证工作,并从 2004 年 1 月份起实行持证上岗制度。"国家网络技术水平"认证体系是国家信息产业部和国家信息化推进工作办公室共同组织的针对网络管理员的业务水平的权威认证体系。这些举措为教育的数字化转型奠定了人力资源基础。

（四）资源建设是核心

毫无疑问,在教育信息化建设过程中,教育资源的建设与应用至关重要。如果把硬件建设比作修路和造车,那么,教育资源就是车载的货物。有了路和车,但车里无货可载,那么修路和造车就不仅没有意义而且也造成了极大浪费。

从区域教育信息网、区教师指导机构专属网站、各中小学幼儿园学校网站的开通到如今区教育和体育局以及各中小学幼儿园公众号和视频号的建设,推进了中小学数字化教学的进程,建立了覆盖范围更广、体系更完善、使用更便捷的互动性、共享性、安全性兼备的数字化系统,加速了数字校园建设。自 2013 年起,该区试点云课堂和电子书包项目建设,探索主动体验学习、协作探究学习、差异个性学习等数字化教学模式,使课堂教学逐步向个性化、情景化、游戏化、探究性、深度学习发展,2014 年建成云课堂教室 40 间,平板电脑 2000 余台,无线 AP 设备 100 余台,无线AC 设备 4 台。同时将电子书包由原先的单校单班版升级为区域教育云版,在全国率先实现了虚拟化架构的云课堂。2017 年通过省级教育信息化试点单位验收答辩,初步构建起功能齐全的区域数字化学习环境,有力推动了区域教育现代化的进程。

三、发展策略

（一）学科整合是基础

1. 数字技术与课程整合的理论认识与实践

在教育数字化转型中,我们对数字技术的功能进行了重新定位。从宏观上看,没有教育的数字化,就没有教育的现代化,更不可能实现以数字化带动教育现代化的发展设想。从微观上看,数字技术不仅仅是教育的辅助手段,它所创设的数字化教学环境,可以成为学生进行自主学习、主动探索和交流协作的强大认知工具,成为实施创新人才培养的一条有效途径,它所带来的教学观念的变革、教学方式的变革更是对传统的单向式接受式教学方式的巨大冲击。数字技术在教学过程中的有效应用,须依赖于数字技术与学科课程的有机整合。数字技术与学科课程整合的程度影响着教育数字化转型的成效。因此,通过探讨数字技术与学科的整合策略,可以实现基础教育的跨越式发展,促进基础教育的均衡发展。另外,通过数字化的学习平台,能让学习能力较弱的学生,接受与其能力相匹配的学习内容,自我调整学习进度,为每一个学生的终身发展奠基。可以说,在几年的探索中所形成的如创设学习情境,实现自主学习;利用合作学习,提高学习效益;改变评价方式,促进主动发展;运用数字技术,拓宽学习领域等策略已经让我们看到了数字技术在课程现代化中的强大功能。

课堂是学校教育的主阵地。改革传统的课堂教学模式,培养学生的创新精神和实践能力,发挥学生的主体性和发展学生个性是新课程改革能否顺利开展的关键,也是现代课堂教学的基本要求。课堂学习是一个积极主动、有目的的知识建构、能力培养和情感塑造过程,课堂教学应尽可能地激发学生的积极性、主动性,确保学生在课堂上的主体地位,激励学生独立、自主地学习。"以学生发展为本"的教育思想已经成为教育界纲领性的思想。"教育将在本质上加速回归本质,以人为本的价值追求将成为引导新世纪教育发展的主流思潮"。[①]

为此,我们把重点放在"数字技术在教学中的应用"研究上。采用理论研究与行动研究相结合的方法。在研究中检验、丰富、发展并完善所倡导的理论。我们组织教师走出去,开拓视野,提高经验储备;组织教师研磨课例,在课堂教学实践中寻求"整合"的有效途径。教研员深入课堂与干部教师一起研究,定期举办各类研讨会和保障会,发布研究成果,激励优秀教师。

2. 数字技术与课程整合的具体策略

数字技术与课程整合,要从根本上改变传统的教学结构与教育本质,强调的是基于全局观和系统观的整合和融入,考虑的是整个课程的整体效果,而不是孤立的知识点,强调的是采取数字化教学设计方法来进行课程与教学设计。即按照《义务教育课程方案(2022 年版)》(以下简称"新课标")的要求,从变革学生的学习环境、学习方式、评价方式、课堂延伸形式等方面进行研究探索,探索学生学习方式、课堂教学方式的新样态。

(1)创设学习情境,实现自主学习。

数字技术以其独特的交互性、趣味性和丰富的表现力、感染力,为课程整合的实施开拓了广阔的天地,为学生的自主学习创设了良好的学习环境。教学中,学生自己动手,查找资料,分析归纳,得出结论,有利于实现因材施教的个别化教育,能充分

---

① 肖第郁. 新课程背景下教师专业化发展的思考[J]. 教育研究,2006(7):4-6.

体现以教师为主导,学生为主体的教学思想,促进教学方法和教学模式的改革。例如,教师们在课堂教学中创设了"识字宝库""三国风景""情趣学古诗""我的小花园""生日屋""皮卡丘林中探险""智力陷阱""快乐大寻宝""动物音乐会""小小设计师""蓝猫百货商店"……大量生动有趣的数字学习场景。课堂上,学生被卡通、童谣、动画、游戏……深深吸引,以极大的热情参与学习的过程,正如一位教师在他的日记中记录的那样:"宽敞的微机教室中,学生头戴耳机,正聚精会神地盯着各自眼前的电脑显示屏。十几分钟过去了,而这三十几个孩子的神情竟还是惊人的一致——眼中放射出奇异和兴奋的光芒。"

（2）激发合作学习,提高学习效益。

新课标指出,当学生在探索过程中遇到问题,就要提供给他们合作交流的机会,通过向老师、同伴表达想法,倾听别人的意见,实现发展。教师发挥电子书包、智能教学平台的功能,提供丰富的学习素材和问题解决的方法,留出充足的时间和空间,让学生去讨论、去争辩、去探索,这样的教学不仅使学生的主体地位得到充分的体现,也使学生的创新思维得到发展,突破了教学难点。学生与他人的互动,对学生理解掌握所学内容起到了重要作用。

在技术与课程的整合与融入中,教师要强调学生的参与意识,培养他们的合作精神。通过师生、生生的互动与合作,建立合作学习共同体,极大丰富学习方式,提高课堂学习效益。所谓生生互动即学生之间的相互作用和相互影响,主要是通过小组讨论、互相评价、互相反馈、互相激励、互帮互学、互为师生等合作互动的活动实现。在这种学习共同体中,学生共同探讨各种理论、观点和假说,进行辩论和对话,通过观点的交锋和思想的碰撞,最终达成思想上的共识。同时它有利于扩大参与面,促进学生主体作用的发挥,促进互帮互学,实现共同提高。学习困难的学生有更多的机会借鉴学习好的同学的策略,学习的主动性和责任感增强,学习兴趣得以提高。

（3）改变评价方式,促进主动发展。

新课标强化教学评的一体化,以过程评价为主,通过师生评价、生生评价、小组评价等多种形式,促进学生发展。课堂上教师利用数字技术优势,对学生的学习和练习做出正确判断,如用学生喜欢的卡通人物评价,用声音评价,用笑脸评价,用绽放的花朵评价,用五颜六色的礼花评价……有的甚至用一段精彩的动画片作为对学生学习获得成功的奖励。友好的人机交互方式,可以让学生及时了解自己的情况,达到自我反馈的目的。教学评价展现开放性,让学生在鼓励和赞扬中,真正体验到自己的进步和获得知识的喜悦。教师一个赞赏的眼神,同伴一句肯定的话语,卡通人物一次有趣的出现,都让学生产生积极向上的动力,体验成功的乐趣,树立学习的信心。评价的目的不仅是为了考查学生实现课程目标的程度,更重要的是为了检验和改进学生的学和教师的教,改善课程设计,完善教学过程,从而有效地促进学生的发展。

（4）运用数字技术,拓宽学习领域。

现代教学要沟通课堂内外,充分利用学校和社区等教育资源,开展综合性学习活动,拓宽学生学习空间,增加学生动手实践。数字技术在教学中的应用能很好地实现这一目标。如教学《数星星的孩子》,在学完课文内容后,利用网络及时拓展,将《张衡小故事》《星空直播站》介绍给学生,一个更加广阔的阅读世界展现在学生的面前,激发学生了解历史人物、学习天文知识的兴趣。在学习中又进一步提高了学生的操作能力和查找资料的能力。这种"大课堂"教育强调课堂与生活同在,通过建立开放式、多渠道、全方位的大课堂,从目标、内容、手段等方面实现素养式学习,做到课内与课外相结合,校内与校外相结合,学科与学科相结合,为学生开辟广阔的时空领域,全面提高学生素质。

（5）建设教学资源,推进整合发展。

没有丰富的高质量的教学资源,就谈不上让学生自主学习,更不可能让学生进行自主发现和自主探索,课程整合就会落空。在教学资源库的建设上,可以通过完善教育信息网站,加强基础栏目与特色栏目的建设,使之内容更全更新,形式灵活多样,更好地服务于教育教学工作。加强教学资源库的建设,还可以通过课件评比等形式,收集一线教师制作的课件,实现教育教学资源的共享。另外,也可以组织骨干教师搜集整理教学资源,完善各学科资源库,包括教学素材、课件教案、各种类型和水平的试题、复习指导等。将已有录像资源数字化,充实到资源库当中,也是资源建设的一条有效途径。

数字技术与课程整合的实施需要借助这些途径,将既有的课程与教材进行重新设计。教师需要转变教与学的观念,转变教学方式与学习方式,充分处理好数字技术基础设施、教师数字素养与教学设计能力、学生数字化学习能力等诸多因素的关系,创造数字化的学习环境,创设主动学习情景,创设条件让学生最大限度地接触数字技术,让数字技术成为学生强大的认知工具,最终达到改善学习的目的。

（二）应用是王道

有了好的现代教育设施和优质教育资源，要应用，就要面向学生、走进课堂、用于教学。"面向学生"，就是要创造让学生感受、体验和享用现代教育的条件和机会，充分认识学生在教育过程中的主体地位，积极发挥教育资源优势，提高学生学习兴趣、扩大学生视野、增进学习过程的交互，强化学习评价与反馈，实现学生学科核心素养落地。

1.专业发展的数字之门

通过在线学习、论坛互动、数字交流等形式，开启教师专业化发展的数字之门，实现教师与区域指导机构、学校乃至其他个体之间数字、智慧与情感自由地交流与沟通，在不断提高教师数字素养的同时建构着教师专业发展的智能文化。贴近教师实践、闪烁数字智慧的活动对教师专业素养的积淀起着积极的作用。教育数字化开拓了教师的技术视野，打破了校际教师的交流屏障，让教师们通过这种便捷的交流方式进行有效的反思，教师们的素养在潜移默化中得到提升。

2.思想火花的冲撞专区

（1）课题研究走向数字化。

网络以其传播速度快捷、资源可以共享等特点成为教师们交流学习的新平台。各学科使用形式多样的数字软件在全区开展不同形式、不同层次的在线研讨，实现了教研人员与基层教师的直线交流，在探究、解惑与分享中提高了专业引领的及时性、实效性和针对性，帮助教师养成边交流、边行动、边反思的教学研究习惯，同时节省了教师宝贵的时间，保证了学校正常的教学秩序。

借助网络开展课题研究，促进研究的交流与互动，这一方式充分体现了"新＋实"的特点。所谓新，即启动方式新颖、独特，先是利用数字工具在全区中小学校、幼儿园中广泛调研，征集各研究单位对开展教育科研工作的意见和思路，进而形成调研报告并通过网络共享，整个过程缩短了时空间距，达到了便捷效果，完成了"发动"的目的。所谓实，即设计过程务实、扎实，不论是以网络分享为主要形式开展课题启动，以科研部教师深入学校为主要方法启动课题指导，还是以"课题研究启动周"为主要策略完成开题论证，都处处体现了一种"把头开好"的愿望。

（2）教师培训走向数字化。

数字时代，教师的专业化发展也需更新培训内容，引入新的培训元素。"在线培训＋行动实践＋网上交流"的培训方式成为普遍受教师们欢迎的方式。我们尝试在线开设"教师专业化发展与教育创新大家谈""教育名言录""美文共赏""健康生活""学员论坛""班主任论坛""校本研究""经典诵读""学校管理论坛"等专业论坛。招募一批专业能力高、研究参与意识强的教师担任各个论坛的版主，在区域教育研究机构教师的组织与引导下，调动全区教师参与论坛的热情，论坛主题帖达到1000余篇。其中"教师专业化发展与教育创新大家谈"活动，共发帖700余篇，包括主题帖500余篇，回帖200余篇，点击率近2000人次。论坛展示了网络面前人人平等、人人有机会的优势，教师们畅所欲言，交流的面更广了，而文字性的交流方式促进了教师理论分析的增多与提升，激发了教师养成听、看，实践后理性反思的教学研究习惯。同时节省了教师宝贵的时间，保证学校的教学秩序，因此受到了全区教师的欢迎。

（3）教研手段走向数字化。

为不断创新教研方式，探求教研的实效性，我们在实践中力求通过现代化的教研辅助手段，提高教学研究的实效性、真实性和科学性。

① 校本研修数字化。学校开展"微格教学"研究，全程摄录教师常态课进程，运用微格分析法开展"案例式校本研究"。学校开展比对教研，使用 ClassIn 联课智能平台，基于 AI 技术自动提取师生问题化学习内容，从学生学习、教师引导、互动分析、学科问题等视角展开切片式人工智能分析。这样在教研时，既可以根据教研主题选择有关环节进行细致剖析；还可以一个环节一个环节的进行深入剖析，并对一些关键环节进行回放，反复研究，直到研究透了为止。既可以深化研究主题，有效实现教学研究目的；又可以不打乱其他教师正常的教学秩序，节省不必要的调课步骤；还可以给学校留下丰富的研究资料，便于今后研究的系统性；更可以让上课教师对自身的教学素质和水平进行自我剖析和反思，检视教学细节，更快提高教学水平。

此外，在线研讨使得教师们在各自办公室就能对专题研讨的内容通过网上互动进行网上研究，若干个人可以同时在网上共同就某些问题发表看法，不受空间限制，每个人都有权发表自己独特的见解，有利于多人同时互动。网上研究可以无记名地实事求是地发表自己的真实看法，可以避免出现面对面教研时教师们碍于面子不愿提缺点的尴尬场面，真正实现了实话实说，这样就会少了些虚假多了些真实，速度更快，效率更高。

② 区域研讨数字化。为使教学研究更加及时、便捷、深入，也为了减少因教学

研讨给学校常规管理带来的不便,减少教师们的劳顿之苦,利用网络开展区域教研逐渐成为常态,并彰显了四大优势。

第一,省时高效。它充分利用了网络速度快、信息发布及时、不受时间空间限制、参与面与交流面较大等特点,老师们不必再从四面八方赶到一个地点,坐在办公室里就能接受很多信息,效率提高。

第二,气氛轻松。"在线式研讨"就像是朋友之间的"网上聊天",老师们都能以很放松的心态参加研讨活动。大家可以自由发表自己的意见,还可以选择自己有兴趣、有话可说的话题来交流,校与校之间的互动很热烈。

第三,反馈及时。"在线研讨"过程中能清晰地"看"到有哪些学校在线以及在线的人数、每一话题的点击数、参与人数。从各校回帖情况中,既能了解老师们关心的热点问题,也能了解各校老师的教学水平。

第四,材料持久。所有研讨材料、所有帖子都保留在网上,宛若现场实录一般,研讨结束之后还可以继续跟帖、参与。

可以说,"在线研讨"打破了传统教研"一言堂"模式,打破了时间、地域的界限,以其开放、自主、互动的优势,凸显了教研的方便、灵活、有效。

四、反思与启示

(一)教育数字化转型的再认识

计算机最初被引入教育时,人们将其定义为计算机辅助教育,因而对计算机的功能利用也就局限于传统教学的辅助手段。随着现代信息技术的发展,数字技术在教育中的作用从一种辅助手段跃升为基础手段之一,教育的数字化转型不仅仅是信息技术在教育领域中的应用,而且是推动教育模式与业态创新的载体。学校要克服技术创新带来的焦虑,根据学校转型需求与学校现状水平的差距进行顶层设计,围绕应用推进与深化组织变革开展数字化建设实践,并构建数据驱动的绩效评估体系持续推进数字化建设,提高信息技术创新与现有学校建设之间的兼容性,并能够将教育创新逐渐纳入到日常教育教学实践中,推动学校教育的变革与创新突破,最终实现学校教育的高质量发展。[①]

---

① 余胜泉.教育数字化转型的关键路径[J].华东师范大学学报,2023(03),62-71.

（二）教育数字化资源的再统整

数字化教育最大的优势之一，就是信息容量大。基于数字化转型的教育改革应充分考虑这一特点，可以从两个方面着手，一是发掘、整合学校和有关部门的教育信息资源。有人说，现代社会是信息的海洋，我们面临的挑战是在这个海洋中学会游泳而不是被它淹没。除硬件、软件的设计要更体现以人为本的主导思想外，还需要有实用、快捷的信息服务。教师需要的是精品信息、分类信息、鲜活信息，节省查询时间，让信息之车直达用户之门。二是建构以物联感知、云网融合、主动智能为核心特征的教育资源组织形态，具备情景信息感知、学习场景识别、智能学情分析、教学资源推荐、学习服务主动适应等功能，而且教学环境边缘端搭载了集机器学习、深度学习、知识图谱、数据挖掘、数据可视化分析、机器服务流程自动化等为核心的"教育智脑"，形成软硬件一体的网络空间，能够主动感知学习需求变化、推动所需学习资源与服务。[①]

（三）数字化教学方式的再创新

随着数字化教学资源的批量介入和数字技术手段的广泛应用，对教师数字素养和数字化教学能力有了明确的要求。教育部 2022 年 11 月颁布的《教师数字素养》标准包括五个维度，即数字化意识、数字技术知识与技能、数字化应用、数字社会责任、专业发展。每个一级维度下，又包含若干二级维度、三级维度的具体描述。要强化教师理解、解读、分析运用教学数据的素养，使其具备基于在线学习平台、学科认知工具、智能终端等进行教学组织的能力，使数字技术成为学生自主学习的认知工具与情感激励工具，在"主导－主体"的教学结构中基于数据衔接课前、课中、课后等不同环节，重组教学与学习活动的流程，重塑适应未来社会的育人模式，从而达到培养创新人才的目的。

总之，教师身处现代化的过程中，从事着现代化的教育，培养着现代化的人。但是，现代化并不是一个时间概念，而是一个去除蒙昧、自我觉醒的过程。因次，人的现代化过程既是价值观、世界观转变的过程，更是认识世界的方法发生转变的过程，在这个过程中，我们要以开放的心态去积极迎接新知识、新思想、新技术，以更大的潜能，更自信地面对和拥抱纷繁多元的客观世界。为此，我们需要以更新颖的视角思考基础教育的改革与发展问题，即不局限于基础教育内部，不就教育谈教育的现

---

① 余胜泉. 教育数字化转型的关键路径［J］. 华东师范大学学报，2023（03），62-71.

代化问题,而是把教育置身于社会现代化这个大的背景中,置身于广大人民群众生活品质的提高之中,思索教师的培养要求。这个要求包括:第四次工业革命对人才培养的新要求;未来城市发展对建设者提出的新要求;城市居民生活水平的不断提高对教育发展的新要求等等。这些都在推动着我们的教育不断地走向未来,更好地为教育中的人服务。

第 二 章

教师专业发展智慧操作体系

第一节　高标准团队研修的新生态

　　早在19世纪的时候,英国家庭使用的瓶装牛奶是不盖盖子的。这样山雀和红鸥鸲经常来啄食封在瓶口的奶油。人们发现了这个问题之后就在瓶口封一层锡箔纸。没有多长时间山雀又学会了如何啄穿上面的这层锡箔纸,继续享用纸下面新鲜的奶油;相反,红鸥鸲却没有学会。即使个别的红鸥鸲偶然啄破了锡箔纸而又吃到新鲜的奶油,它也保守秘密而不告诉自己的同伴。这是一种有趣的动物文化现象。山雀是群居性动物,常常结伴行动,而红鸥鸲往往是割地而居,一只雄性红鸥鸲常常和其他的雄性对手相互争斗,势不两立。结果,红鸥鸲在数量上比山雀少得多。在大自然中,群居的鸟类学习起来比较快,这不仅扩大了生存的机会,同时也加快了进化的步伐。[①] 这个故事给我们的启示是,现代学校无论是教育教学还是行政管理领域,都不是仅靠个人的力量所能成就的,而是需要依靠集体的力量,依靠群体的合作,相互信任、团结协作才能有效达成目标。这也正是教师专业发展得以在短时间内初见成效的原因所在。

一、团队定位

　　"没有哪个个人的力量能够超越集体",团队的力量是学校发展的动力,团队研究则是教师专业成长的必由之路。我们给团队以这样的定位,团队是由少数具有互补技能、具有共同目标、愿意相互承担责任的人们组成的群体。他们在一起工作时所取得的成就,远比按个人方式运作时所取得的成就多。

　　团队研究就是团队成员互相配合、整体搭配,为实现共同目标开展的研究活动及其过程。它强调的是配合与协作,其目的是使团队智商大于个人智商,从而使学校组织成员取得更高层次的共识,更有效地解决问题。教师团队研究是构建学习型

---

① 迈克尔·富兰. 变革的力量:透视教育改革 [M]. 北京:教育科学出版社,2000:89-95.

学校及城区的主要途径,也是促进教师专业发展、实现教师专业化的重要手段。

二、建构团队

构建教师研究团队是教育改革的需求,是教师专业化发展的需求,也是教师专业发展的必然趋势。如果把专业引领、同伴互助、自我反思作为教师专业成长的三种方式,团队研究则实现了三种方式的融合与共生。如课题项目组团队、名师工作室团队、学科基地团队、学科中心组团队,校长学院、学科带头人班等各类培训班团队。既发挥了小实体、易交流的特点,又充分利用优势资源、整合研究力量,解决了小学校平行班级少难以开展研究的困难。经过几年来的实践与研究,我们认为这些团队凸显了以下研究特征。

(1)同一性。研究团队的成员具有共同的愿景、信念和实践。包括共同的探索目标和方法,趋同的学习研究兴趣和观点,基于合作的实践和基于实践的合作等。

(2)协作性。一个理想的研究团队是由研究人员、专家、教师、管理者等组成。彼此协作,研究分享。

(3)发展性。团队研究以创造与传承教育研究为主要路径,以促进研究成员的专业发展为最终目标。

因此,构建"研究团队"就是要形成这样一个教师研究共同体,它是由有着强烈学习意愿和共同研究兴趣的教师与专业研究者组建,其共同目标是要在共同参与的各种教育实践和研究实践中形成良好的学习、研究氛围,并通过创造与传承而促进自身专业成长。

三、发展团队

(一)制度开发

所谓制度,它包括一系列的规章条例,是以规范行为的方式要求有关人员人人都必须遵守的一种准则。团队建设需要制度,团队研究同样需要制度,完善的制度可以使每一个团队的研究更加科学、规范,也可使每一个研究团队更好地履行各自的义务。

1. 项目组负责人制

在校校有课题的科研发展布局的今天,课题分布依然存在主题零散、研究力量不均衡的状况。在分析现状的基础上,可以组建若干课题研究项目组,如智慧教育课题项目、集团化办学项目组。为保证工作的有序开展,建立项目组负责人制,即每个课题研究项目采用区域专人负责、学校专人负责的方式,由专人带领,负责统领课题研究方向、把握课题研究重点、发现学校研究亮点,组织校际交流,实现资源共享与成果提升。我们可以通过高级培训班的方式,将这些课题的直接责任人组织起来,采用"学-研-做"一体化的方式,以培训代研究,以研究促发展,提高研究团队稳定性,提升成员的研究力、组织力。

2. 学科基地协约制

为了使"校本教学研究"能够真正改进和解决教学中的实际问题,提升学校的教学质量,实现学生和教师的共同发展,我们可以面向全区遴选学科研究基地。

学科基地校职责如下:

(1)按照目标认真进行校本研究。以学科研究专题为核心,以促进学科教研组建设、提升教师专业素养、提高课堂教学实效为目标,潜心研究,求实务本。

(2)注重研究过程的系统性。定期进行专题研究活动,及时积累相关信息,及时记录研究成果,及时进行阶段总结。

(3)强调研究主体的积极参与性。保证相关教师能积极参与,实践中勤于反思,交流研讨中及时归纳提升。

(4)学年末取得较有价值的专题研究成果,同时从专题研究过程中归纳有效的校本教研方式,为全区各校提供可借鉴的团队校本研究经验。

区域教育研究指导机构职责如下:

(1)委派相应教研员参与基地校专题研讨,将该校作为教研员与教研组合作共研基地,及时给予专业指导与技术支持。

(2)联系聘请相关专家对专题研究给予相应的专业引领,委派机构专业人员帮助归纳提升研究成果。

(3)对取得有价值研究成果的教研组,区域教育研究指导机构给予适当的嘉奖,比如评选星级教研组,为其创设展示成果的机会,为有相同专题研究的学校提供借鉴。

通过学科研究基地校的展示活动,各学科教学研究不断向纵深发展,教师团队的专业水准大幅提升。公开展示深化了团队校本教研方式的探索,加强了校际的交流与合作,以一带多,提升了区域教育的优质均衡水平。

3. 名师工作室制度

发挥名师的示范、引领与辐射作用,在内部挖潜中实现区域教师梯队的梯次发展是区域教师专业发展的一条重要思路。如颁布《名师工作室实施意见》,通过建立三项制度打造区域教师发展共同体。

学员制:基于学校发展基础,面向全区广募学员,在双向选择的基础上使工作室成员在年龄、学科上形成最优化的研究结构,保障名师团队的最大辐射效益。

导师制:每个工作室由名师担任指导教师,以课例研讨、案例培训、教学沙龙等多种形式引领工作室成员针对教育教学实际问题展开深度研修,初步形成在反思中研究,在研究中提升的共同体文化。

交流制:名师工作室以线上线下多种方式实现资源共享、智慧沟通、成果迁移,强化对教育教学研究成果的积累与总结,切实发挥工作室在区域的辐射力、影响力。

(二)平等对话

全面发挥团队协作的强大力量,需致力于团队成员的平等对话,构建同伴互助研究文化。因为对话可以加深教师之间的相互理解,是交流和相互支持的基础。对话的过程就是教师整理和改变思维的过程,是自由而广泛的交流思想的过程,也是团队成员彼此理解与认同的过程。在对话过程中,每个教师都在内心深处有所思考,以便教师更深入地检查自己或他人的信念、价值观与心理过程,以更好、更深地理解事情的真相。在讨论中,讨论者也需要一些心理技能。可以说,对话的目的就是要建立共同的价值理念,有了共同的理念,教师才能实施新课程,并使新课程获得"创生"。理解的基础是沟通,要在平等的地位上进行对话,寻找对话的切入点是关键,而共同的话语系统是基础,这是一个动态的、开放的和没有终结的互动过程,也是智慧生成的过程。

(1)确立共同的对话主题。选择团队共同面临的问题和实际教学中遇到的共同困惑,采取自下而上的方式,确定一个对话主题,团队主攻一个主题,智慧共生,成果共享。

(2)强调对话前的学习。包括个人学习和团队学习,个人学习是通过教育、研究、观察和试验来获取或修正知识、心智模式、技能、习惯或态度,并使之成为向能力转化的行为过程;组织学习是一个组织的全体成员在组织运行过程中,通过各种途径和方式、不断从组织内部和外部获取知识,通过跨越组织的空间边界、层级结构的合作、交流而在组织成员间共享知识,从而增加组织知识库的知识积累,提升组织学习能力,带来组织整体行为或绩效改善的持续学习过程。

（3）营造开放、互动、合作的氛围。营造一个尊重人的环境,建立良好的人际关系,使人与人之间感情融洽,人们心情舒畅,相互发生积极的影响。同时,管理者还给予教师充分的信任和授权,给教师创造一个适于学习和交流的开放、自由的组织文化氛围。

（4）形成共同的任务导向。任务导向是针对近期工作的,是针对近期现实目标的。任何团队的愿景,只有通过集体任务的完成,才有希望接近或实现愿景。

研究真实的课堂,真实地研究课堂,才能促进教师真实的发展。正如某上课老师说的:"参加集团校学术节活动让我受益匪浅,感受到了合作教研的魅力,老师们抢着帮我整理课堂实录,提出修改建议,集思广益的智慧火花、开诚布公的交流探讨给我留下了深刻的印象。"

（三）特色引领

团队研究的最大目标是实现学校、教师乃至学生的发展。团队研究的重要内容之一就是帮助学校确立发展的特色,寻找特色发展的路径,调控特色发展的方向,打造学校特色发展的品牌,以特色赢得教育的成功。

1.智慧教育特色

在教育面向现代化的今天,教育数字化转型提到了教师专业化发展的日程中。以某种技术的实践应用和研发改善为目标的教师团队应运而生,如某校名师工作室就是以 AI 作文的研究应用为核心,由语文名师牵头,汇聚了学校中高学段愿意从事该项研究的部分老师成立的研究团队。在一次英语教研会上,区教研员推荐的一位老师的自媒体账号引起了部分老师的兴趣。他们开始组团开发学科"账号",利用文字与视频传播教育,点击量达上万人次。在老师们从不愿共享到主动共享,从旁观浏览到主动参与,从最初建立到深入经营的变化中,我们惊喜地发现,自媒体开启了教师专业化发展的信息之门。在"不停息地网上航行"中,自媒体实现了教师与家长之间信息、智慧与情感自由地交流与沟通,在不断提高教师数字素养的同时建构着学校智慧教育的特色文化。

2.心理健康特色

一个身心健康的教师才能教出身心健康的学生,这是我们的共识,更是家长的呼声。某校教师专业发展研究团队自始至终关注着教师心理素质的培养，从教师职业倦怠的问卷调查到团队心理辅导在校本研修中的应用，呈现出浓浓的心理健康特色。一场学习理论与教学的游戏式培训，开启了学校"由游戏教学研究入手培养教师阳光心态"的特色发展目标。通过组织团建沙龙和朝阳社团，在问题碰撞、教学反思、案例分析、好书品读、故事交流中，培养了教师的阳光心态，为学校阳光文化的形成和积淀奠定了良好的基础。一位老师在日记中深情地说："学校把专家请到家里来了，把故事引到培训中了，把游戏带到研究里了。欢声笑语中，捉摸不定的规律了解了，抽象的理论清楚了，心中的疑问解决了，课改的自信增强了，精神的院落阳光了。"别开生面的心理健康培训打开了老师们心灵的闸门，在教师心理文化的经营中，受益的教师越来越多，幸福的教师越来越多。

3. 国学特色

中国是一个具有五千年历史的文明古国，传统文化对教育的发展产生了深远的影响，孕育了一代又一代优秀的中华儿女。借助山东省甲骨文示范校创建的契机，某校团队走上了国学发展之路。一线深入课堂，研究课本中的"甲骨文"，提高教师汉字素养；一线开展传统文化培训，提高教师综合素养；两线交叉，聚焦教师的发展。从校园、办公室的墙壁文化到每周一次听课、每月一次培训、每学期一次的阶段总结，从研究备课到赏析教材，处处浸润着传统文化。中国传统文化与新课程改革理念在团队研究中找到了最佳的结合点、研究点。

团队建构中，一所所学校确立了自己的专属发展目标，找到了实现目标的特色发展策略，在特色校园文化的孕育中，拨动着教师专业成长的和弦。

四、反思与启示

实践证明，团队研究逐步形成了基于对话的研究共同体，成效显著，既为教师专业发展提供外部条件和环境，又能激发教师的内在发展需求。

（一）团队研究营造浓郁的共同体文化

所谓"共同体"，是指一个由学习者及助学者（包括教师、专家、辅导者等）共同构成的团体，彼此沟通、交流、分享各种学习资源，共同完成一定的研究任务，从而形成相互影响、相互促进的人际关系。

教师团队研究建立了强烈的研究文化和真诚的同事关系。合作是出于一种共同的理念、价值、兴趣，既展示了自己，又欣赏了他人，也练就了一种平和的心态、研究的心态、分享的心态,学会了分析、尝试、探究,更学会了求助、交流与合作,获得了更多我们想要获得的东西。同时,数字技术的发展也给教师的学习和创新提供了更新颖更开阔的发展平台,更好地实现教师专业发展的交流、传递、共享。

(二)团队研究激发无限发展的潜力

团队成员以平等的态度参与共同研究,在研究工作中积极主动,敢于提出自己的见解,独立思考、自主研究的能力逐步增强,真正体现"研究主体"的身份和主动发展的精神。另外,参与研究教师之间的精诚合作对研究的顺利进行也起着至关重要的影响。和谐的协作关系有利于形成浓厚的研究氛围和愉快的工作环境,而这种富有建设性、支持性的气氛和环境反过来又促进了教师合作精神、研究精神的发展。

团队研究使教师真正成为发展的主体,达成了教师专业发展心理上的满足,激励着教师去寻找、去突破,"团队是那么的魅力无穷,激励着我们去研究、发现、创造。一个突发的灵感,会让大家情不自禁地激动半天,创造的激情似乎让我们干劲十足……"

第二节 高质量专题研修的新格局

一、专家指导的高层次培训

在教师专业发展的需求基点高到仅仅利用本区师资已不能够满足需求的今天,在全国各地基础教育改革浪潮此起彼伏、教育思想更新频繁的今天,仅仅满足于现状就会导致教育发展的滞后。我们须借助外力,引进更高层次的智力支撑。

(一)模式综述

当前,各地区借助外力,引入高质师资拓展教师专业发展渠道,大致有以下模式。一是区域教育研究指导机构与高校联合。如成都市青羊区上挂北京师范大学教育学院,依托北师大的教育人才资源、教师专业发展资源、教育科研优势、优质的教育信息资源和教育技术资源等优势,为教师培训提供良好的咨询与服务,提升教师队伍的教育教学、科研水平。此外,该区还与四川师范大学、成都教育学院等高校和其他教师培训机构有着良好的工作关系,丰富了教师培训的资源,有效提升了区域教育研究指导机构培训的品质。二是教育局或教师培训机构与当地高校联手,针对某一学科领域或特定教师群体进行定向培训。如:"浙江省中小学美术书法教师继续教育基地"在绍兴文理学院成立,将本省美术、书法教师的培训课程化、系统化、职业化;上海市嘉定区教师进修学院与华东师大成立了历史名师培养基地。基地专家组由3类人组成:华东师大历史课程与教学研究专家;推广课改历史学科研究专家,市教委教研室教研员;本区域的历史学科特级教师。采用综合讲座、专题讲座、实践活动等多种形式围绕培养"历史名师"的目标进行专题式培训。三是教体局或者培训机构与专业教育学会合作,成立的培训基地。如青岛市某区曾与中国教育学会合作成立的教师专业发展培训基地让全区所有小学、所有幼儿园的教师们足不出户就可以与专家近距离对话,既节约了区域教师专业发展指导资源的组织与配备成本,又实现了优质师资资源的共享,体现了区域教师专业发展资源的增值。

(二)创新价值

1. 全面实现教师培训资源的科学配置

早在20世纪80年代末、90年代初,区域教育的掌舵者们就已经意识到了引进先进教育教学思想的重要性,积极引进优质师资资源,利用各种渠道聘请全国知名教育专家来青岛讲学。当然,教师素质的提高仅仅依靠听是不够的,还需亲自去看。该区又组织了一批批干部教师到教育发达省、市参观考察、感受体验;到北京师范大学、华东师范大学集中学习;举办各类培训班,努力实现着教师学养与实践的融合提高。但当时的培训大多是无计划的,比较散乱的。组织单位不统一,培训时间也难以固定,参培人员覆盖面也较窄,影响了培训的针对性和实效性。基地的建立得以使培训工作纳入教育工作规划。每学年开学,面向该区各个层面发放基地培训需求表,涉及教体局各部门,各中学、小学、幼儿园等。在充分了解全区干部教师需求的基础上,结合区域教育年度工作重点,制订出全年的高层次培训计划,再与学会共同商讨确定各类专家的培训名单,组织好各类培训。从而使得培训工作更有规划性,既注重各取所需,又体现统筹安排,实现了教师培训资源的科学配置。

2. 站在"巨人的肩膀上"快速成长

中国教育学会是全国最大的教育团体,聚集了众多教育界专家学者,汇集了大量的教育科研成果,掌握着教育理论研究和实践探索的丰富经验,活跃着各个教育学科和教育领域的科研、教学、管理人才,是教育人才的摇篮和教育科研的基地。借助中国教育学会教师发展培训基地庞大、丰富的资源库,该区先后组织了新教师、骨干教师、名师、校长论坛、后备干部高级研修班等各类培训,近距离聆听和接受专家教授的高层次学术指导与理论培训,观摩全国各地名师名家的现场做课,感受学员与专家之间零距离的互动交流与智慧碰撞,让研究者和实践者能够在同一平台上直接对话。这种高层次的培训带给教师的不仅是理论视野的开阔、实践经验的提升,专家执着严谨的学术态度、勤勉奉献的工作精神,都给予老师们深刻的心灵撞击,使教学、研究、反思、实践逐步成为市南教师熟悉的专业生活方式,教师的成长直接站在了"巨人的肩膀上"。

(三)培训目标

教师队伍建设是加快区域教育现代化进程,推进高质量发展的关键。中国教育学会拥有一支具备丰富基础教育研究与实践经验的课程研发队伍,以及由国内外知名学者、名校(园)长、特级教师和优秀中青年骨干教师组成的专家资源。一方面可以根据课程改革的最新精神,在总结多年的培训经验的基础上,不断开发和完善通用课程;另一方面可以结合区域教育实践的特点和需求,量身定制,广泛开展各个层次的培训、研讨,共同开发个性化课程;通过科学的培训课程的设计,实用的挂职交流安排,优质指导专家队伍的建构,系统解决师培干训中的各类问题。因此中国教育学会教师培训基地的目标有以下三个方面。

(1)构建具有区域特色的教师专业发展体系,形成区域教育可持续的教师专业发展功能。

(2)制订区域教师专业发展规划,建设一支能够充分发挥教师专业发展带头人作用的、具有解决实际问题能力的高水平的校长队伍;一支具有高尚追求,拥有国际视野和中华民族文化精神,具有现代教育理念、良好的师德师风,具备现代专业素养和技能,具有自主发展意识和能力,具备健康心理品质的高素质师资队伍。

(3)构筑教师发展的有效平台,广泛开展高、中、低等不同层次的培训、研讨、国内外交流深造和挂职锻炼等多层次、多渠道和多形式的培育活动,形成教育教学、研究和学习合一的教师专业发展工作方式。

在培训目标建立与实施过程中,中国教育学会与该区全面合作、互促共建、共同发展。一方面该区干部、教师的教育理念不断更新,与时俱进;科研意识与能力得到明显的改观,对学生的关注度也越来越高,逐步实现着自身的专业发展。另一方面,中国教育学会也在共建教师发展培训基地的过程中培养了一批人才,逐步构建起一支更加稳定的多元化的专家队伍。

（四）培训方式

教师既是教学者，又是学习者和教育资源的提供者，培训的出发点是解决教师遇到的问题，落脚点是促进教师的专业发展，提高学校教育教学的质量。借助中国教育学会教师发展培训基地丰富的资源，针对不同的培训内容，我们进行了培训方式的创新。

1.假期集中培训

区域教师人数众多且分散在数量众多的中学、小学和幼儿园内。如何能让广大干部教师在最短的时间内，接受最有效的培训，在培训中感受专业成长的喜悦，选择正确的培训形式至关重要。依托中国教育学会教师发展培训基地，我们探索了"假期集中培训"这一形式。如某年暑期集中培训自8月10日开始到8月22日结束，为期共13天。涉及师德修养、教育理念、学科研究、领导艺术、心理健康、安全管理、社区教育、学前教育、新教师入岗培训等12个方面的培训内容，全区2000人次参与，彰显了四大好处。

一是结束了一学期紧张繁忙的教育教学工作，教师暂时从工作中解放出来，可以集中精力进行有效学习，可以保证学习的时间和效果。而参训者的学习内容是基于实际需求的，体现了学员的主体性，因此也有助于产生学习的愿望和动机，这是提高培训质量的关键。

二是结果表明，在职教师培训效果最好的形式中，前三种依次为专题学习（讲座）、教育科研、教师结队互助。假期集中培训主要以专题讲座为主。它以其信息量大、容量大而见长，能在较短的时间内，通过专家、名师的专题报告，迅速扩大教师的视野，拓宽思维，把大量的信息传递给参训者，实现系统的学习。在进行专题讲座基础上，我们还邀请全国各地的名师为教师现场做课，以听评课实现专家与教师以及教师间的交流、研讨，使教师充分领略"专家风采"，感受"名师效应"，促进自我反思。

在一次次的讲座、一场场的思想交流中，许多学员写出了自己的亲身感受：通过专家讲座，使自己以前零散的知识进一步系统化；而与名师的交流则开阔了眼界，学到了好多书本上学不到的东西，了解到当前教学改革最前沿的知识，使自己有一种站在"浪尖"上的感觉……我们不仅叹服于教育家渊博的学识和严谨的治学态度，而且深深敬佩他们诲人不倦的育人精神和平易近人的师德风范，进而树立了教书育人、做具有教育家精神教师的目标和信心。

2. 校长论坛

一个好校长就是一个好学校。为打造具有教育家精神的校长队伍,解决校长工作中遇到的困惑问题,我们探索了一种交流办学理念、解决实际难题,共享治校智慧的交流互动培训方式——"校长论坛",通过思想上的交锋、观点上的碰撞,专家适时点评、指导,上下互动,从而达成对问题的共识,找到解决问题的最佳方案。例如以"教师队伍建设""校园文化建设""教师专业发展"等为主题的"校长论坛",邀请国内知名专家、校长参与其中,主题明确,观点鲜明,交流热烈,效果显著。这种培训方式将理论学习与实践指导充分结合,搭建了校长互动的平台,体现了培训的实效性,为校长们提供了一场场教育思考的"满汉全席",怀揣着一个思想来,抱回满筐思想走,培养了一支理念先进、作风优良、品德高尚、业务过硬的优质校长队伍。

3. 人才研修班

在教育管理日趋现代化的今天,如何将教师专业化发展的三种途径——专业引领、同伴互助、自我反思进行有效的结合,更好地促进区域教师的发展?我们在基地专家的指导下,组织了人才研修班,尝试运用"学-研-做"一体化的方式开展培训,成为促进教师专业化发展的有效途径之一。

赴华东师大学习总结(节选)

经历是一种财富,在学习中收获。回顾两个月的学习,我们目睹了28位心目中教育名家的风采,其中包括11位教授、6位副教授、2位高级教师、9位资深校长。前后共聆听了25个不同专题、16个专家教授的培训讲座;亲临了上海市5位特级校长的专题报告;体验了与3位全国和地方教育名家面对面所带来的震撼并拓展了我们的国际视野。

反思是一种智慧,在研究中提升。回想在华东师大进行的课题研究,好似一场风暴,时时冲击着我们的思想。做课题时导师要求选题有实效性、思维有逻辑性、过程有规范性,这对我们来说充满了挑战。课题报告历经6次修改,9位成员查阅文献书籍近百本,反复推敲着几十万文字。

两个月的时间里,我们全班共进行了7次交流反思会,各组反思交流会的次数据粗略统计达60余次,每次课后,小组同学房间一聚已成为习惯,大家随时随地地交流着自己的观点、分享着彼此的收获。每一次班级反思交流会,我们总会看到不同的形式,听到不同的议题,有着不同的体验。有对本次培训的感性认识,有对学习收获的理性分析,还有结合学习内容引发的对自己的工作实际的深入思考。

实践是一种发现,在发现中成长。两个月的学习中,对学校的诊断考察是本次研修班学习的一个重要方面,目的主要是通过对一个教育教学动态的过程考察,去发现、归纳问题,并采用科学研究的客观态度和方式进行诊断,理论与实践的结合才能使我们的教育梦想更好地成为现实。在第二月的考察学习中,我们分别来到上海市知名小学——华师大附属小学、中山北路一小、金洲小学和华师大一附中挂职学习。听课、交流、查阅资料、主动访谈成为我们每天必不可少的学习方式。因为大家深知机会的来之不易,学习要物超所值成为我们共同的心愿。

研修班“易地而培”,以头脑风暴式系统进行理论学习和实践指导,逐步完成从理念到行为的跨越,创造了全新的学习情境。

集中学习理论。理论培训的魅力在于它对参训学员内心的浸润,专家的学术风范、人格魅力像春雨“润物细无声”。浸润中实现的是学员素养的迅速提升,奠定的是教育教学的厚重基础,虽不能立竿见影,却能芳香隽永,恒久有效。眼界改变世界,如此经历怎么可能不拥有一个大的教育视野呢?

选题理解理论。指导学员进行研讨分享,开展学员间、学员与专家间的互动反思。从自主选题到查找文献,从意义论证到研究内容的选择,全部经历反思和辩驳过程,实现研究与学习的同步;借助反思在最直接的思维碰撞中,让参训者能深切感悟到专家们深厚的理论素养,感悟同行们宝贵的实践经验,感悟自身实践的成功与不足,丰富自身内涵,积淀实践中的智慧,推动教师的专业发展。

学用践行理论。带着选题对学校进行诊断考察,到学校挂职锻炼,真正参与学校管理,了解和学习新的教育管理理念,提高学员运用知识解决实际问题的能力,是一种针对性、实效性强的提高实践能力的培训方法。

4.“课例—案例”式研讨

现代教学论认为,教学是建立在科学与技术基础上的一门艺术。也就是说,没有形成熟练的教学机能,没有对教学规律的把握,是无法进入教学艺术的殿堂的。[①]所以,教师对教学技能的掌握是教师在其专业化发展过程中的必由之路。“课例—案例”研讨应运而生。

---

① 吴卫东.教师专业发展与培训[M].杭州:浙江大学出版社,2005:97.

走进特级教师的语文课堂

窗外声声的蝉鸣，隆隆的汽车声，丝毫没有影响室内的讲课。学员们屏息凝视，聚精会神地观摩着特级教师贾志敏执教的《我不怕鬼》一课。90分钟的时间，特级教师以新颖的教学思想、精湛的教学艺术，深厚的文化底蕴和独特的教学风格，让听课的骨干教师、新教师又一次领略了名师的教学风采。之后老师与参训教师进行了互动评课，并做了专题讲座。

对新教师、骨干教师而言，集中的理论讲座培训固然重要，但现场观摩名师名家执教的示范课，对于教师教学技能的培养与提高的作用是最直接的。由教学名家现场执教课例，与学员互动研讨，再由培训组织者进行现场录像，制作教学案例，用于平日的新教师、骨干教师培训研讨，对培训资源进行再创造使用，让该区的新教师和骨干教师知识的理论性和实践性迅速得以融合。但面对不同群体，"课例－案例"研讨形式的培训重点与难点不同。

从知识结构来看，新教师群体所具有的知识多数来源于间接的书本知识，主要是教师职前所接受的学科知识与教育学、心理学知识。他们对这些"陈述性知识"的把握是抽象的、表面的，缺乏生动具体的实例支撑。而对解决"程序性知识"的把握即教学技能，包括导入、语言、板书、讲解、提问、练习指导等具体技能往往停留在前结构水平。[①] 无论是对教学机能的系统认知，还是对教学技能有意识的调用水平都极低。对"陈述性知识"的学习，可以通过暑期集中讲座进行，但对教学技能的培养凭借单纯的专题讲座远远不够，需要指导新教师观看名师的典型课例，分析各种教学技能的类型、特点、效果。我们将暑期培训中录制的名师课例作为精选案例，引导新教师就教学技能进行对比分析，交流讨论，查找自身问题，或模仿操作，重点在教学技能，暂不涉及教师对教材的处理与学生的诊断能力等内容。在交流贾志敏老师的课例时，新教师们被他丰富的教学语言、扎实的训练目标、高超的教学技能、深厚的文化底蕴深深折服。

骨干型教师的知识结构中，"程序性知识"已经比较丰富，具体表现在他们已掌握基本的教学技能，并能熟练地在熟悉的环境中使用。但这种运用多为长期练习的结果，条件反射的成分占优势。较为缺乏的是条件和背景式知识，即在新的教学情境中综合各种教学要素与条件，更多关注学生的个别差异，灵活运用各种策略的

---

① 吴卫东. 教师专业发展与培训［M］. 杭州：浙江大学出版社，2005：222.

"条件性知识"不足。[①] 因此,骨干型教师的培训重点应是课堂教学策略,具体包括非言语策略、交流策略、组织策略、评价策略等。将名师的课例作为案例,引导骨干教师关注其教学策略的使用,反思自身的教学技能是否达到技巧的水平,剖析各种策略的基本要求,以尽快提高对教学策略的把握性。在交流贾志敏老师的课例时,骨干教师更多关注了对教材的处理,特级教师独特的教学风格,精湛的语言艺术,睿智的教学机制,恰当精妙的教学艺术,让每一位骨干教师受益匪浅。

课例一案例式研讨,可以关注到不同阶段教师的实际需求,因需施培,促使教师在课例中体验,在案例中感悟,在反思中提高,专业智慧迅速提升,引发新的教学行为,产生新的教育理念,是理论联系实际的桥梁,是真正实现"理念上浮、实践下沉"的最佳方式。

(五) 培训效果

1. 引领区域教师发展方向

教师的专业发展是一个漫长、动态、贯穿整个职业生涯的过程。在这一过程的不同阶段,教师表现出各种专业结构要素的差异。教师的职业又是具有特殊要求的职业,需要具备较高的职业道德标准和专业水平,需要进行不断学习。所以在组织实施高层次专家培训时,我们注重从培训内容上引领教师发展的方向。例如,课改实施以来,干部教师教学观念更新迅速,课堂角色转变明显,教学行为变化可喜。但随着课程改革的深入推进,也遇到了一些困惑和问题,面临压力和挑战,需要培训者给予更深的理论支撑和具体操作实践的引领。于是我们借助培训基地在暑期聘请课标编写组主要成员分学科开展研读课标培训,结合课改教学实践,引领区域教师全员解读新课标,分析现状,查找不足,广泛反思。这样的培训活动顺应了教师发展需要,也引领着教师专业发展的方向。

2. 体现基层自我需要

事务发展的原理告诉我们,内因是事物发展的根据,外因是事物发展的条件,外因是通过内因起作用的。在教师培训中,培训单位确定的培训内容、培训方法、组织形式等都是外因,都必须通过内因——教师参加培训的需求、有无参加这种培训的积极性起作用。组织各类培训班和拟订培训计划时,要注重引导学校、教师从自身的需求出发,选择适应自身发展的培训内容,从而加强教师培训的针对性、开放性、

---

① 吴卫东. 教师专业发展与培训 [M]. 杭州:浙江大学出版社,2005:223.

灵活性和实效性。

<h3 style="text-align:center">中国教育学会教师发展培训基地某年骨干教师培训需求表</h3>

学校		姓名	
在教学中,你最大的困惑与问题是			
你最需要的培训内容是什么?(请在认同项后面打√) 1. 教材分析策略与方法 ( ) 2. 教学策略选择与运用 ( ) 3. 课堂教学评价语的设计与使用 ( ) 4. 合作学习方法与策略的运用 ( ) 5. 运用质的研究方法提高自身专业素质 ( ) 6. 教师自我反思的核心要素、策略与方法 ( ) 7. 多元智能理论在教学中的运用 ( ) 8. 校本教研的基本研究方法、环节与模式 ( ) 9. 教学方法的选择与使用 ( ) 10. 信息技术与课程整合 ( ) 11. 名师名家的课例展示 ( ),展示内容为 其他:			
你最喜欢的培训方式是			
其他意见和建议:			

（1）培训内容增强实用性和指导性,在教师专业发展中倡导人本主义和人文关怀。我们虽不能将教师培训机构理解成需要什么就提供什么的"便利店",但"服务至上"应当是我们的工作主旨。所以,组织培训之前,我们要做充分的调查,发放需求表,回收、分析教师实际需要,综合大部分受训教师的要求,掌握一手资料,进行整体考虑和全面安排培训内容。如85%的语文骨干教师提出希望观摩专家的作文指导课,我们就在暑期培训中邀请了特级教师执教示范课。想教师所想,急教师所急,安排的内容都是教师想学的内容,灵活设置培训内容,更加体现个性发展的需求,针对性强。

（2）在征求教师培训内容后,我们就某一主题为教师们提供多位培训专家的资料,让参训教师自主选择、推荐培训专家。现代心理学研究认为,人的一切行为都是由动机引起的,教师自身的学习动机才是影响其学习效果的最直接的原因。这种按需施教的做法,有助于学员的自我选择,主动探究,从而转化为参加培训的自觉行为,得以完善自我,培训实效性极强。

3.彰显高培训覆盖率

中国教育学会该区教师发展培训基地三年培训数据统计表

培训班名称	培训内容	人数	培训班名称	培训内容	人数
后备干部高级研修班	教育管理与教师发展	40	××级骨干教师通识性培训	教学心理学信息技术与课程整合	160
博士课程高级研修班	教育经济与管理	35	××级语文骨干教师培训班	观摩示范课及教学能力培养	60
校长论坛	校园文化建设	200	××级数学骨干教师培训班	观摩示范课及教学能力培养	55
名师型教师培训班	多元智能理论	30	××级英语骨干教师培训班	观摩示范课及教学能力培养	45
幼儿园园长培训班	幼儿管理	30	××级新教师培训班	新教师角色定位与发展	75
××级骨干教师培训班	教师学科专业化实践	120	园长论坛	精细化管理与优质教育	90
××级新教师培训班	教师角色与素质发展	110	校本培训理论与实践培训班	校本培训组织与管理	200
心理健康教师培训班	学生行为的矫正与治疗	120	第二期后备干部高级研修班	教育科研与教师专业化	30
幼儿园园长培训班	幼儿园教育发展与管理	50	教师发展学校指导培训	教师发展学校的可持续研究	30
名师培训班	比较教育及国内外教学法	69	班主任工作培训班	班主任基本素养、培养策略	180
校本(园)课程培训	幼儿园课程和培训管理	100	音乐、美术学科教师培训班	学科教学研究	120
班主任工作培训	思想道德教育工作艺术	200	学校管理者培训	学校管理及学校文化建设	150
幼儿教师培训	幼儿园音乐、科学教育	120	特殊教育培训班	智障儿童的教育康复	30
德育教育培训班	学生德育情感素养研究	150	××级骨干教师通识性培训	新课程观念的更新与建立	170
社区教育培训班	学习型社区的理论与实践	90	××级语文骨干教师培训班	观摩课例及阅读教学研究	70
安全工作培训	学校安全管理	95	××级数学骨干教师培训班	观摩课例及教师素养培养	70

培训班名称	培训内容	人数	培训班名称	培训内容	人数
信息技术教师培训班	信息技术与学科整合	40	××级英语骨干教师培训班	观摩课例及教师素养培养	30
心理健康教育培训班	团体心理辅导活动	120	××级新教师培训班	新教师教学能力培养	65
学校管理干部培训班	提高教师培训质量方法	150	学前教育培训班	园本教育活动交流、研讨	160
校本培训管理者培训班	校本研修研究与管理策略	90	××期后备干部高级研修班	学校管理与教师专业发展	36

从上表可以看出,基地培训参培人员广泛,关注各层次干部教师的发展需求。培训既有处于职初期的新教师,又有处于稳定期的骨干教师和成熟期的名师型教师;既有在职的中小学、幼儿园管理干部,又有后备管理人才;既有特殊教育教师,又有社区指导、班主任、安全员等分管人员;既有幼儿园教师,又有中小学教师。关注了区域各层面干部教师的需求,实现了区域教师队伍的梯队培养,保证了教师发展五年规划的全面实现。

培训覆盖率高,构建起多元多层次的学习共同体。培训基地成立后,举办了40余期培训班,4000余人参与培训。全区骨干型教师四年内完成轮训,提早一年实现目标。新教师、管理干部及后备人才的参培率达到100%。全区90%以上的干部教师有了与专家面对面的时间与空间,理论视野更加开阔,对基础教育宏观背景的把握更为准确,构建了多元多层次发展的教师学习共同体。

4. 实现专家资源的兼容并包

"兼容并包"是蔡元培1917年任北京大学校长时提出的办学方针。他说:"对于学说,仿世界各大学通例,循'思想自由'原则,取兼容并包主义。①这种兼容并包、文化融合的办学思维,可以让每一位受训者都能在培训中兼容百家精华。基地建立后,先后有100余位教育专家远道而来,在此处可以聆听如顾明远、陶西平、王长纯、裴娣娜、钱志亮、郑金洲、何克抗、冯大鸣等知名专家的专题讲座;可以目睹国内各学科如于永正、贾志敏、靳家彦、吴正宪、朱乐平、李烈等特级教师、名师的课堂教学魅力;还可以前往国内知名学府如北京十一学校、北京光明小学等实地参观、学习、挂职锻炼。这场"文化盛宴",不仅涉及学科知识、学科教学法、课程、教育学、心理

---

① 蔡元培.蔡元培全集[M].杭州:浙江教育出版社,1996,23.

学等原理类知识,也即通常所说的理论性知识,还涵盖了部分实践性知识,如教育信念、自我认知、策略性知识等。[①]

(六)反思与启示

1.专家指导固定化

百余位专家的指导与培训,涉猎了教师专业发展的各类知识,博采众家学说。但每位专家的培训时间大多为1～2天,培训内容无法进行深入分析与指导,较为分散,不能进行系统的知识构建。可以考虑请相关专家进行系统性、持续性培训,构建体系性培训课程,按计划定期为教师进行指导,拓展深度,将专家培训固定化。

2.专家培训日常化

兼顾到参培教师的时间需要,专家指导以假期集中为主。但教师的专业发展是一个漫长、动态,综观整个职业生涯的过程,教师还是一个不断发展的职业,需要进行不断学习。因此,我们还应兼顾教师发展过程中的培训需要,将培训专家日常化,加大平日培训的指导力度。发挥数字技术的魅力,在线开展交流、研讨、指导与培训,为教师答疑解惑。

中国教育学会教师发展培训基地的建立,以其明确的培训目标,丰富多元的培训内容,立体多样的培训形式,扎实高效的培训效果,彰显着区域教师专业发展的培训特色,锻造着区域教师培训的优质品牌。"人创造环境,环境创造人。"这种多渠道、多模式的尝试与开发,整合、优化了区域教师专业发展资源,拓展了区域教师专业成长的宽度和深度。因为身后站立着百余位"巨人",我们在发展自己、提升自己的过程中,也在不断汲取着"巨人们"的思想精髓、教育智慧以及实践精华;不断地博采众长,融会贯通;不断地改变着,感动着,震撼着,成长着,幸福着……

二、课程改革专题培训

课堂教学是课程改革的主阵地和主渠道,是教育改革中最值得研究的一环。在课改过程中,教师经常会被一些问题所困扰:以素养为本的理念如何在教学中体现?大单元教学目标应怎样在实践中落实?如何发挥学生的自能作用?请看下面这个示例。

准备阶段:教研员采用谈话法对三年级级部教师进行了摸底调查。发现本年级

[①]　陈向明．实践性知识:教师专业发展的知识基础[J]．北京大学教育评论,2003(1):104-112.

很多教师其实不太明白新课标里一再提到的"跨学科学习",也不会引导学生在课堂教学中进行跨学科学习。随后,教研员制订了研究计划,查阅了大量资料,并带领部分骨干教师进行了课堂教学实践研究,探索了一些有效的方法策略。

培训阶段:

课例展示。由参与研究的一位骨干教师执教《画上少了什么》一课。本节课在某些教学环节的设计上体现了跨学科的学习方式。

课例解剖。四人小组先将自己的观点写在交流纸上再一起进行互动讨论交流,重点研究本课例是如何体现跨学科学习的方式的?哪些环节的设计富有实效?

专题陈述。由教研员结合以上课例,同教师一起研究什么是"跨学科学习",怎样才能更好地在课堂教学中进行有效落实和体现。总结出实践策略以及一些体现跨学科学习特点的规律性方法。

实践驱动。布置实践任务,使教师结合以上培训内容再到自己的实践中进行反思,实施,完善,总结,提升。

从这个培训案例可以看出,整个培训围绕一个"专题"进行,培训的目标明确、集中,培训的过程清楚明白,这就是一个"课改专题培训",即聚焦新课程标准,采用理论学习与实践探索相结合的方式,领悟课程标准中的关键命题,从而使得课程改革取得突破性进展的一种培训方式。

(一)分析优势特点

一是目标明确。课程改革专题培训是由各级教研员统筹规划和实施的培训,具有明确的指向性。包括怎样让任务群理念落实到位?怎样进行教学行为转化?怎样有效实施教学评一体化等。从新课程改革实施过程中出现的具有代表性的问题出发,着眼于课改实际问题的解决,引发参与者针对问题和困惑进行深度探讨,碰撞出思想的火花,实现参与者之间的互学互动、互助互进。

二是主题鲜明。专题培训,由培训者提取最关注的热点或难点问题,形成一个主题进行培训,保证每次培训都能有针对性地解决一个主要的实际问题。例如:语文针对课改后教师不会指导作文的问题,围绕"让习作走进生活"这一主题进行了作文教学专题研究;数学学科结合教师教学方式的变革,通过创设生活情境,引导学生在生活中发现数学、归纳数学方法,解决生活实际问题进行了"生活处处有数学"的专题研究;英语学科则通过充分发掘生活中教育资源,创造性运用教材,教学中创设情景等方式进行了"激趣促学,英语教学全面培养学生综合运用语言能力"专题研讨。

三是指向性强。以教师在课改实践中生成的普遍性问题为出发点，通过理念、研究、教学、学习、实践的交融，提高教师在真实场景中的诊断、分析、解决问题的能力，从而有效地提升教师专业素养。其指向性非常明确，指向教师在日常工作中生发的问题，指向教师专业素养的提升，指向通过改变教师的行为有效地提高学生的素养。以英语课堂教学为例，教师们采用"学案导学"的方法来创设一种"开放式教学"环境，通过师生、生生双边或多边互动，充分调动学生参与课堂教学的积极性；在教师和"学案"的作用下，发掘学生主动"学"的潜能，这种教学方式的改变，使学生的学习能力得到了培养和提高。

四是主体性强。课改专题培训站在教师即被培训者的角度上思考问题，无论是培训内容还是培训方式的选择都凸显了教师的主体地位。由于只围绕一个专题，容易把培训内容研深研透，同时还能充分发挥每个教师的主动性和自主性，易于教师和学生素养的整体提升。

（二）确定实施原则

1. 远期目标与客观实际相结合的原则

课程改革专题培训要制定符合区域教师实际的中、长期目标或规划，在培训中逐步实现，但在培训中又要实事求是，注重现实情况和教师个人实际情况有机结合，因人而异，处理好理想与现实的关系，循序渐进，逐步提高，切不可急功近利、急于求成。

2. 理论培训与实践探索相结合的原则'

培训中须重视教育理论的培训，既不能只进行单一的听课、评课这些培训方式，又不能只一味进行教育理论的学习，而是要用教育理论指导教育实践，做到理论与实践有机结合。

3. 统一要求与发展教师个性相结合的原则

课程改革专题培训应避免一刀切，既要面向全体教师统一要求，又要在培训内容的选择上体现教师水平的层次性和需求的多样化，在培训目标上体现个性与共性的结合。

4. 培训内容与培训资源整合的原则

课程改革专题培训时要实现培训内容和培训资源的有机整合。培训内容应注重通识性培训、学科培训和方法培训的相互渗透、相得益彰;培训资源应注重高等院校、课改实验区、实验学校的优势互补,以及培训院校与教研、科研等部门的资源整合;培训者应注重科研理论专家、学科教研专家,外地专家、本地专家之间的资源互补,形成合力。

5.培训内容的生成性和培训主体性相结合的原则

课程改革专题培训要解决的某些问题,是教师在课程改革实践操作中所生成的重点热点问题。作为一种面向全体教师的行动研究,应关注教师的教学理念、研究意识、热点难点问题和能力意识,让教师成为培训的主体。

6.联系教师实际和实事求是相结合的原则

课程改革专题培训要有意识地对教师在教学中遇到的比较突出和比较普遍的难点和重点课改问题进行收集和梳理,定期筛选一些普遍存在的共性问题,以此作为培训的主题。要充分考虑教师的专业、专长,立足于教师的专业发展和能力提高。因此应充分关注教师的已知世界,分析其师德修养、专业文化、能力素养等。就师德而言,要求教师对所从事的事业有责任心、有爱心、能公正、能奉献、善合作、能示范。其中就专业文化与能力素养而言,要求教师具备教育教学的基本功、专业文化的进修力、班级管理能力、课堂教学能力、命题检测能力、教育教学互助能力、信息技术应用能力等。我们可以采用问卷调查法、谈话交流法、课堂教学观察法、调研指导法、随机质检法等,多途径全面、真实、准确地了解一线教师的需求点,获得富有针对性的第一手资料,为提升专题培训的实效性做充分的准备。

(三)探讨目标流程

课程改革专题培训的目标由"近期目标"和"长远目标"两个层面构成。比如长远目标是:教师层面——力求实现每一位教师的专业化发展。近期目标是:内容层面——解决新课改实施过程中现存的主要问题;教师层面——准确理解新课改理念,努力在课堂上落实新课程标准,提升学科专业素养。

不同类型的教师在课程改革中出现的问题也会不尽相同,它们各自所需要的培训也会各有差异。因此制定课改专题培训的目标时,要考虑各种类型教师的实际、各学科教师的实际、各学科不同年级教师存在的问题实际等。近期目标围绕长期目标展开,由浅到深、由易到难、螺旋上升、不断推进,形成序列,最终实现长远目标。

课程改革专题培训的一般流程是:教师们在教学中发现问题;中心组梳理问题

确定研究主题;教师们在教学实践中寻找解决问题的办法,提出自己的想法和做法,相互交流体会和教学经验,然后再上升到比较理性的层面,总结出带有理论色彩的教法或教学经验,然后在区域进行交流。

(四)设计培训内容

课程改革专题培训主题呈现多元化走向。一般来说应从两个方面考虑,一是从培训主体即教师的角度出发精心选择培训内容;二是从课程改革本身需要精选专题培训的内容。

1. 通识性专题培训

此类培训是侧重于"面向全体"的统一必培。有专家明确指出,新课程对教师的挑战首先是观念的冲击,走进新课程,观念必须先"走进",没有教育观念上的真正转变,即使用上了新标准、新教材、新方法,也将走样、走味,一旦遇到困难或阻碍,最终必将回到老路上去。所以,在教师培训中,必须首先抓好落实教育理念的通识性培训,抓好教育观念的转变。从教育活动的一般规律性和国家教育改革要求的统一性看来,一些带有共性要求的通识性内容应当列入教师专题培训的内容。比如2021年暑期以"新课标学习"为主题的通识性专题培训,突出对新课程理念、新课程标准的学习,对新的教学方式和新型的师生关系的认识,这些精选的内容,都很好地解决了理念问题、课程问题、课堂教学行为转变等课程改革的热门重点问题。

2. 学科专题培训

学科专题培训是侧重解决新课程改革学科难点、热点问题的专题培训。不同学科具有不同的特色,同一学科的教师也都有不同的特点,因此学科专题培训应当选择带有学科特色的个性化专题作为培训内容。如数学的情景串教学研究、在课堂教学中培养学生分析问题能力的研究、计算教学的基本矛盾研究,语文学科的大单元教学策略研究、作文任务群教学研究,英语学科的绘本阅读专题研究。以下为音乐学科的一次专题培训。

培训前:教研员在新课改实践调研中发现,由于音乐教师没有关注课堂提问的内容和方式,导致课堂学习效果与教学目标出现落差,于是将"如何进行课堂提问"作为下一月份的课改专题培训内容。

培训中先案例分析。结合具体的课例,让教师们关注一节课中教师的提问。老师们意识到:恰到好处的课堂提问不仅是教学成功的重要因素,是启迪学生积极思考的驱动力,更是教师综合素质的集中体现。接着是培训讲座。结合案例进行专题培训,探讨解决课堂教学中"为什么问?问谁?问什么?如何问?"的问题。最后是策略提升。围绕本次培训的内容形成《有效提问的基本要素及评价建议》,让老师在平日教学中作为行动研究的抓手。

培训后先回归课堂。教师聚焦课堂的实际问题,将研究内容细化为小目标,逐步落实。再回归校本。各校以专题培训的主题为抓手开展校本教研,探究课堂教学问题的设置。研究发现,启发性、暗示性、挑战性的问题,能充分吸引学生学习的注意力;针对性、开放性的问题能挖掘教学内容中最富美感、艺术感染力和实践性的音乐要点,明确音乐作品中音乐要素的作用;层次性问题设计将知识技能以暗线的方式展开,既体现学生学习的过程,又使学生在反复聆听、对比、演唱中,得到潜移默化的艺术熏陶;教师提问的最高水准是启发学生自己提出问题,从而培养学生的问题意识,激发学生自我解决问题的欲望和兴趣。

从以上案例可以看出,本次专题培训既有广度又有深度,理论联系实际,层层推进,由浅入深,很好地解决了音乐素养学习与有效提问之间的关系。

3.科研专题培训

科研专题培训,是侧重于教师教学研究能力的培训。主要是利用承担的各项科研课题资源,运用科学的研究方法,有计划、有步骤地开展教师行动研究,不断改进教育教学行为的培训。适用于具有教学经验且掌握了一定教育科研方法的教师。

比如聘请专家围绕研究课题,从课题文献的查阅、课题方案的撰写、个人学期研究工作的规划、研究重点的确定到实验记录的整理等进行系统的专题培训,并请专家对研究方案、计划进行逐一指点和调整,解答教师课题研究中的疑问和困惑。培训后教师要将科研课题按学科、按年级进行细化和落实。例如,语文学科针对低年级学生小、识字任务重的特点,确立了《探究识字方法,培养识字能力》的培训专题;中年级学生具备较好识字能力,需在阅读方法上强化指导的情况,确立了《课外查阅资料,课内大胆质疑》的培训专题,而高年级教师教学经验丰富,学生学习能力增强,则确立了《自主探究学习——回顾与开拓》的培训专题。

(五)丰富培训样式

专题培训的内容丰富多彩,形式也应多种多样。内容决定形式,但形式又反作用于内容,好的形式可以促进内容的落实。可以根据实际情况多种培训形式交替使用,优势互补,充分调动广大教师的培训积极性,激发培训的兴趣。

1. 专题讲座式

专题讲座式主要由专业研究人员以讲座的方式展开,以其开阔的视野、前瞻的理念、高深的理论、渊博的学识,引领教师在真实的课堂、真情的参与、真心的交流、真诚的研讨中,实现理论水平的攀升和业务能力的不断提高。比如针对体育课"只重视技能训练,不重视教学设计"进行"体育大单元教学设计"培训,从学期教学安排、单元核心概念,单元教学构成,课时教学设计等方面进行了专题培训。这种方式的培训,一般侧重于宏观、中观内容的学习。

2. 案例剖析式

案例剖析式主要指结合典型案例,进行剖析、反思,通过有价值的过程诊断,得出带有启发性且能引发广大教师思考的理性结论的培训方式。一节课、一个学生、一个教案甚至是一句话、一个动作、一个教育故事等都可以成为剖析的载体。比如按照"发现问题,确立主题;设计方案,形成课例;教学实践,阐释课例;交流讨论,集体诊断;讨论反思,形成结论"五个环节展开系列剖析、实践和反思活动,引导教师不断反思和改进教学实践,提升实践智慧和专业化水平。此形式,一般侧重于微观层面的剖析与研究。以下为小学英语阅读教学的某次培训流程。

培训背景。小学生听说能力非常强,但读写能力不足,影响了小学英语与初中英语教学的接轨。阅读是提高学生认读语句、理解语言、提高英语思维能力的有效途径。在所有的语言技能中,阅读能力是最容易保持而且有益于学生自主学习,达到授人以渔的成效。现今各种版本的英语教材都非常注重小学生英语阅读能力的培养,但教师在这方面缺少经验。

培训过程。① 课例展示:所有教师观看阅读教学录像课"*Uncle Jack's farm*"中的"Read and Write"(阅读部分),并注意观察教师分别在阅读前、阅读中、阅读后的教学过程中采用了哪些教学方法。② 互动式评课:教师就课例进行了各个环节的剖析,总结阅读方法,畅谈课后感受和建议。③ 专题讲座:结合课例,教研员对《英语课程标准》中提出的阅读教学的要求、阅读课和对话教学课的区别、阅读课上应培养小学生什么样的能力以及阅读课的有关技巧做了阐述,指出阅读课应该以激发学生学习兴趣和阅读欲望为中心,通过认读、略读、跳读、朗读等多种阅读的形式,使小学生最终能通过阅读转述所读内容或根据所读内容进行角色扮演、讨论、续尾或写出摘要,以此培养学生今后阅读原版英文的能力。

培训作业。针对教师们提出的有关高年级阅读教学问题进行了现场答疑并布置了任务,要求教师培训结束后通过实践完成一份阅读课教案。

3. 线上线下混融式

以"网络为脉"建构一种交互的环境,持续进行"互动交流"的培训模式,目前一般采用"线上 + 线下"混融的培训方式,以案例为证。

前期准备:网上开设"教研论坛",让老师们对学科教学的有关问题开展专题讨论,然后由培训者聚焦,确定"培训专题"。

实地研讨:根据培训的条件确定线上观摩课例或者现场课堂观摩。聚焦话题进行专题研讨。可以现场发言,也可以将自己查阅的相关材料贴到论坛上,让大家共享;或者就研讨课例提出一些困惑,请大家来帮忙解决等。

持续总结:在整个专题培训的过程中,培训者边回帖,边将自己的想法与教师们分享,及时充分地调动起各校参与的积极性。培训者在最后做培训小结。也可以在培训结束时挂出一个帖子——"对本次研讨的看法",请老师们谈一谈感受与建议。

混融式培训为老师们开拓了一个交互式学习情境,有利于思维的碰撞与生成;有利于全员的参与与互动;有利于提升教师的感悟、思考和创新。

4. 课题驱动式

以课题研究为重点的专题培训。注重在培训中组织和引导教师围绕自己确立的科研课题进行学习、研究、实践、创新,开展研修活动。

学——每月一个主题,培训者将学习内容提前告知学员,使之能够在课前了解相关学习内容,减少陌生感,我们把这个过程称之为"自学与引导前置"。

研——培训者先出示学习目标和要求,使大家带着明确的任务进入学习状态,然后结合具体实例,讲解操作程序。采用以小组为单位的互动式学习,在关键环节提出有价值的问题进行小组讨论,每次由不同的人代表小组做总结性回答,以此培养学员倾听的能力和组织概括能力、在集体面前流利表达观点的能力和对所学知识的即时性理解能力。同时布置练习作业,组织大家现场演练。如在讲调查法后,马上让学员现场设计两个调查问题,大家集体研究,这个过程我们称之为"学习与研究同步"。

做——学习后布置实践性作业,让教师结合课题展开实际操作。后期会组织

"课题答辩会",现场提问、现场点评、现场感悟。我们把这个过程称之为"应用与拓展结合"。

这种培训形式能充分调动受训教师的积极性,促进受训教师之间的合作探究,培养受训教师的创新实践能力,有力避免了"听得明白,看得清楚,就是不会做"的问题。

三、反思与启示

新一轮基础教育课程改革给教师带来了严峻挑战和不可多得的机遇。每一位教师都将在这场变革面前实现新的"蜕变"、新的跨越。反思开展专题培训的尝试与探索,我们的思考有以下几点。

反思一:教师的自觉意识和努力程度最终决定了专业发展的状况。专题培训打破了自上而下的培训思路,根据教师的需要设计培训内容、培训过程,以人为本,使教师们各有所得,变被动培训为主动需求,充分体现了培训的针对性和有效性,这也是培训发展的必然趋势。

反思二:以问题为本的专题培训,即"先问题,后学习"对教师的专业提高是直观和有效的。加强以问题为本的专题培训,将成为今后专题培训发展的重要方向。

反思三:专题培训须要走向规范化、科学化。对教师职前培养、职初培训和在职专题研修做通盘考虑、整体设计、形成序列、彰显过程、注重结果,力求规范和科学。

第三节　高水平校本研修的新路径

"我认为判断一个活动是否有效的标准之一就是看活动本身有没有生成性的因素发生……""我不太同意你的观点,什么叫生成性的因素?学生提出许多莫名其妙的问题吗?""那好,今天我们就来研究关于生成性因素的问题……"这是发生在某校校本研修现场上的一幕,十几年来,该校培养了一批又一批实力派教师,活跃在区域教育的各个领域,其专业素质水平和科研能力得到了普遍的认可。这个现象告诉我们:教师的成长与发展除了教师自身较强的学科知识和技能以及深厚的教育理论修养,更得益于学校立足于课改的目标和教师的需要、立足于解决教育教学中教师共性的疑难和困惑所开展的系列研究与学习,而这正是校本研修的魅力。

一、意义与价值

校本研修是指从学校的发展目标和实际出发,以教师为主体,围绕课程实施中教育教学的实际问题,充分发挥校本骨干教师的引领作用,并借助外部专业支持,开展的以行动研修为主要形式的各类教学、研究、培训活动。与以往的校本培训、校本教研相比,我们认为,这个观点的提出,有两个鲜明的价值。

一是校本研修实现了科研、研修、培训在学校层面的最佳融合,以学校、教师在教育教学中生成的问题为出发点,通过研修活动把教学、研究、学习、实践融合在一起,提高教师在真实场景中诊断、分析、解决问题的能力,从而有效地提升教师的专业素养。

二是校本研修唤醒了教师专业发展的主动自觉。校本研修是对教师主体意识、研究意识的唤醒。校本研修的主体是教师自身,教师不仅是教育教学理论的学习者,而且是实践者、研究者、建构者、创造者。校本研修首先要做的就是增强教师的自我意识,使教师获得专业生涯的升华。

二、目标规划与制度建设

(一)构筑教师专业发展的愿景目标

目标和规划是校本研修有效开展的前提和保障。校本研修的对象是教师,因此其目标与计划不但要关注教师外在的社会工具价值,更重要的是要关注教师内在的自我主体价值,也就是说既反映学校和上级主管部门的需要,又反映社会和时代的需要,更要反映教师的需要,实现发展目标人本化。基于此,很多学校和幼儿园制定了自己的规划和愿景目标。

如某幼儿园制定的培训目标是,通过系统的园本研修,使教师具有高尚的师德修养,较强的专业素养,突出的创新能力和让人钦佩的人格魅力等;提高教师的使命感和责任感。其具体措施有以下四点。一是目标引领策略——以幼儿园的发展规划,鼓励教师制定个人发展目标,使教师能够有目的地促进自身的发展。二是专家引领策略——借助实验幼儿园的优势,发挥专家引领的作用。三是分层指导策略——成立"名师工作室""特色研修组""师徒成长对",使教师们在交流、观摩、研修等活动中,共享共赢。四是重点提升策略——在各种研修中,建立对青年骨干教师定期考核、科学评估与动态竞争的管理机制,对青年骨干教师在科研立项、进修提高、学术交流等方面实行政策倾斜。

教师发展规划的制订为学校的发展提供了有力的支撑,为教师自身的专业成长指明了方向。从以上案例可以看出,该幼儿园不只关注教师专业技能的提高,而且促进教师专业素养的全面提高;不只关注教师的整体发展,而且照顾到不同层次教师发展的需要,引进了专家资源,与自身特色相结合,合力打造优质的教师队伍。"有思路才会有出路",教师发展规划作为学校长足发展的一种保障,让我们看到了它不可替代的"战略"价值。

(二)彰显校本研修制度的发展功能

用于协调人类行为的法规、组织机构和社会规范的制度,在一个成熟的社会里,会保障和促进社会的健康发展。在提倡以校为本发展教师专业素质的今天,我们认为,要彰显校本研修专业发展的功能,就要建立一整套有系统的有特色的以人为本的校本研修制度。建立一种相互尊重、民主平等、和谐互助的学习型伙伴关系,使研修成为教师专业成长的内需。如"教师发展日"制度、"教学互访"制度、"专题合作"制度、"校际会课"制度、"研修组开放咨询"制度、"骨干教师培训组"制度、"二级培训"制度、"听评课"制度以及"课改联席会"制度等等。

教师发展日:每周二,高校教师会来到学校,与教师们以课例为载体,以深度会谈为主要形式,在一个共同、真实地教育情境中交流与探究。

教学互访制:一般经历"预约—准备—个案—研讨"的过程。既有教师将在平日教育教学中遇到的问题积累起来,提炼概括出共性的个案,向高校的老师们发出邀请,请他们参与到案例的研究、讨论中,为学校教师有效解决问题提供理论上的支撑和指导,也有高校教师在进行他们的研究中邀请我们的教师当专家,为他们讲述教育教学中的生动案例。

专题合作制:高校教师根据自己的专业和特长以及自己的研究课题,针对学校的科研课题以及教师自己的子课题,分项承包指导几个教师的科研课题,与教师共同合作开展研究。

校际会课制:学校每月安排一次,其流程概括为以下几点:上课—反思、说课—提问、对话—分组讨论—汇总、整理—点评。

教师专业发展制度的确立,之所以产生了这样的魅力与作用,归根结底在于对教师心境的改变与锻造,使教师的精神世界发生了本质的改变。

工作着并发现着。无论是互访还是合作课题研究,新的教师专业发展制度使得教师真正成为发展的主体,一系列工作的开展都是以教师的需求为基点,由教师主动提出、准备和实施的,因此必然会达成教师专业发展心理上的满足。

研究着并享受着。一系列教师专业发展制度的实施塑造了真正研究的氛围。正如老师们所说的那样,这种合作是出于一种共同的理念、价值、兴趣,既展示了自己,又欣赏了他人,也练就了一种平和的心态、研究的心态、分享的心态,学会了分析、学会了尝试、学会了探究,更学会了求助、交流与合作,获得了更多他们所想获得的东西。

快乐着并发展着。周二"教师专业发展日"的确定以及一系列制度的保障,提供了教师发展的时空,使得发展日成为双方教师积累信息、表达观点、实践行为、体验乐趣的一个成长日,更重要的是它像磁场一样凝聚了教师的心,所产生的巨大能源源源不断地辐射到教育教学的每一个时空。

三、研修资源开发

以校为本的教师专业成长需要各种培训资源的滋养,这种资源可能存在于学校日常的教学生活之中,表现为教师的经验、智慧,乃至专业方面的问题、困惑,以及所可能接触到的专业学习,也可能存在于学校日常的教学生活之外,表现为外出学习、培训与研讨等。因此,校本研修需要有一种"资源"意识。

(一)专家引领

平日里,校本研修注重的是在"本校"展开,是围绕"本校"的具体问题进行,容易禁锢于一个小的范围内而走不出去,常常会出现自囿于同水平的反复,迈不开实质性的步伐,甚至会停滞不前。因此消除封闭的思想,把专家请进来,或带领老师走出去,是提高校本研修质量的有效途径。

首先,专家参与校本研修可以发挥专业引领的作用。其次,专家在发挥引领作用的同时,还为学校的校本研修提供了研究的平台。因为专家所带来的不仅仅是一些先进的教学理念和教学理论,更重要的是打开了校本研修的大门,开放了校本研修的领域,进行了科学有效的专业引领。专家的指导和引领为参研教师指引了方向,提供了理论支持,进行了科学的实践指导。

信息和经验只有在流动中才能被激活,才能实现增值。自由开放的校本研修,是最具有生成性和建设性的,它促生了很多有价值的见解,在有效的讨论中每个参与者都收获到单独学习所得不到的东西。因此,就其实质而言,专业引领就是理论对实践的指导,就是理论与实践之间的对话。有了专业的引领,教师才能从教书匠走向教育家。

（二）合作双赢

教师的专业化发展需要四种人的通力合作,学科专家、教育专家、技术专家、学校的校长。而作为高校来讲,不仅其经济实力雄厚,还有着一流的师资,因此,从教师专业化发展的需要来看,高校应该是基础教育最佳的合作伙伴。有的学校聘请高校教师作为校本研修的顾问,阶段性地进行理论与课堂实践紧密相连的校本研修。大学教授同小学教师共同参与,在碰撞与交流中高校教师获得了鲜活的教育实验素材,我们的教师获得了有力的理论支持和高位指导,形成了共同提高、合作发展的教师专业发展新格局,打开了教师专业素质发展的另一扇窗。

（三）教师主体

校本研修强调教师是活动的主体,是研修活动的组织者,他们可以依据自己的工作实际来选择研修内容、形式和方法,学校只起到一个策划、引导的作用。学校应充分利用校本研修的舞台,把校内最广泛的教师调动起来,多为教师搭桥铺路,研究和解决教师最需要解决的问题与困惑,使教师工作的积极性得以调动,才能得到充分发挥,做到各尽其才。

某校课题组核心成员采取"自学 + 自培"的方式,通过教师间的合作突破理论难关。他们找来有关的书籍作为培训教材,采取"切块拼接的方式"将培训的内容分成三部分,课题组成员分头学习、集中交流、讨论制订研修方案。整个筹备过程有许多意外收获:仅一天的工夫,大家就将材料自学完毕,而且都弄懂了,第二天见面便能侃侃而谈。为了这次研修,大家在五天中开了五次会,老师们积极性空前高涨。以前开会,都是我找大家,现在是大家找我。无论谁有了新点子,只要利于研修大家都主动请缨。

周五校本研修时间,课题组教师早早地来到会场,调试培训课件,摆放桌椅,分组编号。活动开始,教师们有主持的,有讲解的,有组织现场活动的……整个过程中,课题组教师经历了学习者、策划者、组织者、培训者、评价者多重角色转换。无论是讲课人、课件制作人,还是策划者大家都各尽其能,自身的潜能得到更好的发挥;其他教师经历了学习者、学生、教师多重体验,收获满满。

这种由骨干教师组担任研修主讲教师的做法得到了较好的收益,其原因有四。

（1）教师们之间实现了真正、真诚的交流。"骨干教师培训组"让教师真真切切地经历了一次学习交流的过程,这种从理论到实践,再由实践上升到理论的过程实际上就是掌握教育规律,改进教学工作,提高工作效率与教学质量的过程。在这过程中教师始终处在积极思考的状态之中,不仅获得全新的体验,更重要的是思维与思维不断碰撞,并不时迸射出创造性的智慧火花。

(2)老师们既是学习者也是研究者,既是受训者也是培训者。角色的多重复杂性意味着教师的地位发生了革命性的转折,由被动变为主动,由客体变为主体。不仅满足了教师们参与教育科研、追求自我发展的欲望,也促动教师通过自我研究实现专业上的自我发展,更重要的是打造出了一个"学习型""合作型""研究型"团队。

(3)培训真正实现了从"校本出发"。"骨干教师培训组"培训,由于承担培训任务的是教师,也只有教师最了解教师们需求什么、喜欢什么,因此从培训内容的选择、培训形式的安排都十分贴近教师的教学生活,受到了老师的认可和欢迎。这也正是校本培训的基本意蕴是"基于学校、在学校中、为了学校",根据学校自身的实际需要和存在的具体问题展开培训。

(4)同伴互助让校本培训呈现了更加灿烂的发展前景。团队的力量是无穷的,同伴是最好的榜样,最具有说服力、最具有示范性;同伴是最好的教材,最通俗、最易懂。同伴是最好的学习资源,取之不尽用之不绝。教师在研究互助中,挖掘了自身内在的潜能,加速了自身的专业成长。

四、研修内容拓展

构建以人为本的校本研修内容体系,意味着研修内容的丰富多样性和可供选择性,能够满足处在不同发展水平、具有不同兴趣、爱好的教师多方面的需求,激发教师的主体性、创新性,使他们通过对研修内容的选择、占有获得各得其所的相应发展。我们正是从教师和学校的发展现状及需要出发,形成了校本研修内容的层次化、系统化、特色化、风格化。开始关注教师的理论素养与职业道德,关注教师实践性知识的开发和科研品质,关注教师的心理健康和信息素养……校本研修内容的拓展带给我们的不仅仅是观念的转变,科研的觉醒、行为的改变还有素质的提升,民主的建构和人文的积淀。通过探索与实践,其内容主要有以下几个方面。

(一)关注教师的学科教学研究行为

以学科教学研究为主的校本研修可以提高学科教研活动的针对性、实用性和有效性。研修活动可以通过精选研究主题、珍视教研过程、注重研后反思,提高教研活动的实效性。主要包括:新教材、新课堂、新教法的系列研究,教学中现实问题与困惑的研究,教师教学设计能力的研究,包括各学科的教学建议、教材培训,等等。

幼儿园美术教育的目的是培养幼儿对现实生活的认识、情感和体验,发展幼儿自身的观察力、想象力、创造力和美术鉴赏能力。然而每每看到孩子们的绘画作品,虽不乏技能突出者,但总有模仿、克隆之感,缺乏个性和创造力。于是生成了"绘画教学中如何让幼儿表征自己所思所想"的跟进研修活动。

作品分析。让教师对幼儿绘画作品进行分析,剖析问题,提出困惑。教师们对新课程标准中绘画教学的意义进行了重新审视,逐渐清晰:幼儿园绘画教学的重点是启迪幼儿的创造和想象,而不是点、线、面、透视等技能的传授。

课例剖析。观摩、评析《冬爷爷的礼物》,查找问题症结。经讨论教师认为是自身的重教制约了孩子们想象力、创造力的发展,辛辛苦苦的范画和示范却降低了幼儿的创造力……

反思提升。创造的基础来源于丰富的生活经验,因此丰富幼儿的生活经验很重要;教学中不是范画越多越好;挖掘幼儿点滴的创造,不能用画的像不像去评价;眼睛里的画是别人的,心里的画是自己的。

此案例从作品分析、课例剖析、反思提升这些有针对性的跟进研修,提升了教学策略,解决了新课标实施中的问题,让教师体会到"研"在身边,"研"而有获,使"专业水平"在"研"中攀升。

(二)关注教师的素养积淀

现代教师所面临的挑战,不但具有高度的不可预测性与复杂性,而且越来越找不到一套放之四海而皆准的应变方法。社会对教师的要求越来越高,凭借狭隘的经验,满足于埋头教书,已经不行了,教师的生存和发展必须建立在提高自身素养、人格魅力及专业能力上,而唯有读书和学习,才是教师可持续发展的不竭动力。学校广泛开展的系列读书研修,使广大教师能"以书为友",在不断地反思、学习、重组中奠定了深厚的文学素养。

某校把研读教育名著作为校本研修的一项重要内容,实施了温馨读书工程。

读——投资建立温馨书吧,选购大量有生动情境、丰富事例而又蕴涵深邃思想和崇高精神的著作推荐给老师们,要求老师们浏览、细读、精读、摘抄、记忆相结合,研读的过程中安排专家辅导,帮助教师梳理名著的基本观点,提炼其思想精髓,解释疑点难点,介绍背景材料。

议——定期组织教师围绕名著开展研讨活动,互相启发、取长补短、共同提高。不仅碰撞出新的思想火花,而且能把不够成熟的思想观点在讨论中炼成真金。

思——鼓励老师们把从研读教育名著过程中获得的理论、思想、观点与自己过去和现在的认识、做法相对照,进行反思、分析、解剖,把成功的经验上升成具有普遍指导意义的理性认识,或找出失败的原因,确定改进工作的方向、途径和措施。

写——将阅读的感受记录下来,形成一篇篇教育随笔、教学反思、科研论文和总结报告,提高教师们的写作水平。

用——引导教师个人或小组把学得的理论、思想、观点用来指导小型课题的教育科研活动。

"为学之道,莫先与穷理;穷理之要,必在于读书。"阅读既是一个知识学习的过程,又是一个情感熏陶的过程;既是一个了解世界和思考世界的过程,又是一个心灵自我关照的过程,通过阅读来反思自我、提升自我,从而养成内省与深思的习惯,对一个人的精神成长至关重要。议、思、写、用的读书工程,不但体现了教师的"学以致用",提高了教师汲取书籍营养的积极主动性,更让教师们的文化底蕴不断丰富,教育教学视野也逐渐地开阔。

(三)关注教师科研品质的养成

课题研究会促进教师观念的转变,用科研的方法更好地解决教育实践中的难题。激发教师将学习理论物化为教育教学的实践智慧,用研究者的意识、眼光重新审视和对待教育教学的每一个环节,把自己从狭窄的教学经验领域和简单重复的劳作中解放出来,真正体会教师职业的乐趣。因此,校本研修的另一要务是培养教师的科研素质。

在新课程改革背景下,"问题化学习"成为课堂教学中值得研究的"牛鼻子"问题。

(1)理念引领。确立课堂教学技能培训内容,理解问题化学习的内涵和外延。

(2)小组践行。以学科教研组为单位,采用"边培训、边实践、边研究、边提高"的形式,制定观察量表,分学科展开研究,全员参与。

(3)课题研讨。抓住焦点问题,推出展示课例,观摩并集合观察量表,展开时效性研讨。

(4)策略梳理。教师经过梳理达成共识:以学科问题为基础,以学生问题为起点,以教师问题为引领,建构"三位一体"问题化学习链,激发学生产生探究解决问题的矛盾冲突。

成长是一个积极的希望、选择和奔向某一个目标的过程。除了深厚的教育理论修养,广阔的教育前沿视野,敏感的教育问题意识,过硬的教育科研能力对教师的成长与发展具有更重要的作用。这个案例告诉我们,把科研做在课堂上,使教育科研与教育教学互为犄角,能有效地提升教师的实践性知识。学校要善于抓住老师们急切需要解决的问题,建构真诚研讨和互助成长的氛围。此外,还要为教师提供技术支持,推动教科研培训向规范性、实效性方向发展。

(四)关注教师的职业道德

时代总是在变的,但也有不变的、恒久的东西,比如教育的道德信念,教育的道德性和人文性。审视我们的教师专业化发展之路,我们对教师的心理关注了多少?如何改革师德培训的内容、方式和方法,有效消除教师的职业倦怠,确实让每一位老师做到在愉快的专业生活中"为人师表、志存高远,学高为师、身正示范,严德笃学、与时俱进"呢?

教师是"人类灵魂的工程师",是一种以人格培育人格,以灵魂造就灵魂的劳动。这就要求从事教育的人不仅要有较高的专业素养,还要有良好的人格素养。为此,某校开展了"提升教师人格魅力"系列活动。每半月为教师赠送一句"人生隽言",每月为老师推荐一篇学习文章,每逢节日赠送带有祝福与共勉、肯定与鼓励、评价与希望的贺卡,使教师逐步树立起正确的理想信念和价值观,提升着自身的人格魅力,并把这种魅力传递给了学生们。

现代的"师者"不再是单纯的"传道授业解惑",而是既要教书育人,又要教学相长;既要传授知识,又要培养能力,"压力"满满。关注教师的心理健康,树立教师的光荣感和使命感,已成为学校不容忽视的问题。改变空洞的说教,从情感沟通与价值观引领入手,在轻松、温馨的活动中,唤起教师对职业幸福的追求,让"做新时代魅力教师"成为我们每一位教育工作者的共同愿景!

(五)关注新教师

新教师在正式从教之前往往对未来教师生活充满各种憧憬,有活力、富创意。从教之后,如果所处的是适宜于教师迅速发展和顺利成长的优良环境,那么他们就能够把自己的教育理想付诸教育实践。

8位新进教师怀着复杂的情绪踏进了学校大门,迎接他们的是一次特别的校本研修。

"这座学校始建于××××年,前身是……"校领导那满怀深情的开场白,立刻抓住了老师们的心。接下来是一段视频——《老教师访谈录》,他们中最大的已经八十多岁了,但回忆起自己的从教之路,风采依然不减当年,介绍起自己的工作经验,依然头头是道。殷殷期望与留恋让台下的教师心情激荡。随后是学校规章制度的学习,每一位干部都对大家提出了发展的要求与希望。倾听着大家的娓娓而谈,新教师的脸上时而露出无限的神往,时而露出会心的微笑;时而露出自豪的目光,时而又陷入凝神的沉思……

就新教师的成长而言,学校文化、生存压力以及绩效评价是影响教师成长最重要的三个因素。学校对新手教师的这次校本研修实际上是一次"学校文化的洗礼",由于借助了人文、感性的手段,学校的文化特色与氛围迅速抓住了新手教师的内心,促进了新手教师迅速地"接收",主动地融合。

(六)关注教师的职业幸福

幸福是人生的主题。只有感到幸福的人,才能收获人生的快乐和阳光。做什么样的教师,深深地根植于他是什么样的人,过着或曾经过着什么样的教学生活。因此,教师的健康,特别是心理健康就显得尤为重要。

这是校本研修的一个场景:全体老师分成几个小组,各小组教师共同站在一张报纸上——象征在巨浪中颠簸的小船,随着船面积的不断缩小,老师们之间的距离越来越小,大家紧紧相拥,彼此依靠,不让一个人落入海中。在活动中,有的老师甘愿牺牲自己,让其他人踩在自己的脚上……这样的培训中,大家都十分投入,因为他们在收获教育教学方法和技巧的同时,也增进了与同事的交流,拉近彼此的距离,一举多得。

"同舟共济""盲行""智慧塔""红色轰炸"这些团体心理辅导游戏逐渐走上了校本研修的舞台,并受到了老师们的普遍认可,因为这些关乎着教师心理的发展、人格的健全、心态的调整。在教师职业压力愈加沉重的今天,在人与人之间竞争日加激烈的今天,教师职业心理的调试与幸福感的提升,成为校本研修实效的重要评价标准。

五、校本研修的形式创新

创新校本研修形式,构建立体多维的校本研修模式,有助于发挥教师和学校的主体性及创新研究潜质,打造优质的研究团队,彰显教师的教学智慧。如"联席研讨式""四段两层式""叙事辩论式""目标导向式""探究学习式""微格教学式""情境体验式""个别指导式""分享—对话—游戏式""连环跟进式""教研赏析式""案例解剖式"等,这些都增强了教师的主体意识和发展意识,实现了教师专业素养的整体提高。

(一)校际联动式

校与校、园与校围绕着共同的研究课题,形成联动共同体,打开研究的大门,达到资源的共享,整合研究的力量,解决实际的问题,教学研究越过了围墙,让教师尝到了"共研"的甜头。

师师对话——解决观念问题。在多次的交谈与对话中,智慧的冲击、观念的碰撞拉进了彼此的距离,达成了共鸣。

课课交流——解决策略问题。优化语言策略、提高教学策略等有效性问题解决成为彼此共研共升的话题,课例再现、案例反思更成为校际交流最喜闻乐见的形式。

生生互动——满足了新奇感。近距离的互动胜过教师的万般说教,取得良好效果。

(二)二级培训式

学校坚持"外出学习汇报制",让外出学习者担当培训者的角色,不仅仅停留于简单的"鹦鹉学舌",而是将所学所思以课例为载体,做首轮研究——原行为阶段观摩课,再由同教研组的教师召开反馈会议,设计第二轮研究——新行为阶段观摩课,有必要再进行第三轮……全体教师共观、共研、共享、提高,使教师真正成为校本研修的主体。

学校选派了3位组长赴杭州参加"走进新课程——全国小学语文新教材教学研讨会"。按惯例,外出培训的老师回校要进行课例的交流。A老师展示了一节作文课《我帮爷爷找手机》。B老师则展示了一节阅读课。反馈研讨会上两位老师先反思自己课的得失。A老师认为自己临摹了特级教师作文课的理念和创设情景的方法,而B老师的败笔之处则是没有考虑自己的风格和学生的情况。由此生成新问题:我们向专家学什么?我们和专家的距离有多远?两位老师深有感触地说:"参加这种培训我们是带着任务和压力去学习,尽管很累,但是学到了真东西。"

二级培训关注教师自己的主动建构,在合作交流中生成新经验,使教师始终处于积极思考的状态之中,不断获得全新的体验。校本研修的主体是教师,同时接受培训的主体也是教师,即培训回归教师,教师在培训中内化所需,而一旦成功,工作平添愉悦,解决教师缺席培训的尴尬。

(三)团体辅导式

团体心理辅导式是从教师情感体验入手,采用活动、体验、分享、感悟的模式,拨动潜意识、激发教师的内心情感,激活教师多元思维,开放内心世界,使教师在轻松的环境里畅所欲言、热烈交流,让教师的情绪得到宣泄,让集体的力量和智慧得到锻炼,达成相互信任与支持,合作共赢。

两位老师随机组成一组,一人扮演"盲人",另一位扮演"向导";"向导"带领"盲人"走过一段艰难的旅程;交换角色后继续此活动;活动后分组交流感受。

有老师这样描述当时的感受:"当眼睛被蒙上的时候,我的眼前一片漆黑,世界也仿佛失去了重心。旋转三圈以后,辨不出东南西北的我,更是感到孤立无援。直到一双温暖的大手将我的手紧紧握住,我才感觉到脚下土地的坚实。周围那么熟悉的环境,现在竟变得那么陌生!"由此他联想到学生:我们是不是一个很合格的"引路人"? 我们又将以何种力量给学生正确引导?

有的老师通过作盲人,体验到了身体健康的重要性;有的老师通过活动的不同表现,意识到人与人是不一样的,帮助他人不能包办代替,应该让他学会自助;还有的老师通过盲人的无助联想到学生,孩子们犹如在黑暗中摸索前行的盲人,老师就是他们的引路人,一句温暖的话语,使前行的孩子像在黑暗中摸到了妈妈那温暖有力的手,抓住了依靠。所以要珍视在孩子们心中作为领路人的角色。

从以上案例可以看出,教师们全身心投入活动中,多元的观点,共同的感受,彼此地支持,使他们完全融入了活动所带来的全新体验和感悟之中,可见,借助团体辅导的理论和技术,进行参与体验式校本研修,会使得校本研修更有价值和意义。尤其是促进了教师对教育教学、对学生等不同方面、不同角度的反思,从新的视角来审视自己、了解自己,使培训真正走进教师心灵。

(四)问题版式

在先进的教育思想和观念随时、随地都能获得的今天,对我们教师来说显性的教育观念已经不存在什么大问题,而我们需要解决的是"理论与实践的融合",即把教育问题的学术研究回置到鲜活的现实中,使理论研究返回思想的故里,使教育研究融入实践的滋养。"问题版式"研修,为教师们提供了一条理论与实践相互融合的有效途径。

"问题版式"研修活动的流程是"问题引领—学习理论—实践反思—分享交流—总结实践"。首先通过筛选找出教育实践中普遍存的、有现实意义的问题,作为研究主题,如"幼儿活动区计划的制订与实施""幼儿游戏课程的开发与使用",然后让老师通过学理论、查资料、说实践的方式互相交流解决问题的方法,突出教学研究研讨与发展的价值,引导教师在教学研究中关注学生发展的细节、日常生活中的教育细节,学会思考日常教学中的小问题,学以致用,在不断的反思中改进自己的教育行为,解决教育理论与教育实践的隔离的困惑,提高教师的实践研究能力,这种"深入、扎实、有效"的研修,真真切切地提高了教师的专业功底。

(五)游戏式

游戏不但是孩子的"专有",成人也会被它吸引和感染,其趣味性、操作性、开放性和娱乐性的特点,为校本研修创设了一次次事半功倍的契机,因轻松而拥有自己的自由人格和独立精神,让身处其中的教师激活了思维、点燃了灵感……

当我宣布今天的活动是"你撕我也撕"时,老师们都放松了表情,原本需要五位教师,在一片欢笑中跑上来七位。我给每位教师一张相同的纸,提出要求:闭上眼睛,不准提问,对折后撕下左下角,再折撕下左下角,最后对折撕下右下角;其他教师只能认真看、不准讲话。结束后当七位教师把作品展示给大家时,结果尽管要求相同,但作品却完全不同。我提问为什么会有这样的结果?老师们纷纷说:"您的要求不明确。""我们又不能问。"……

我又抛出了第二个问题:"这个游戏对您有什么启示?"有的说:"对学生而言,上课的时候提出的问题要明确,教育才能满足学生。"有的从另一个角度说:"开放性问题,可以给学生思考和创造的空间。"有的是从学校和自身工作谈:"以后布置完工作我们交流后再干,刚才您切断了我们的交流。"……原本让老师体验"交流"是复杂的、"理解"是多元的培训活动,老师们却将体验深入到课堂中、学生中、自己的工作和学校的工作中……欢笑结束了,培训也结束了。

"在游戏中体验,在感悟中提高",通过"撕纸"这一简单娱乐的活动,折射出校本研修的感悟视点,体现出组织者思维方式和研修观的转变,有力地引发了教师对工作和教学问题的迁移和思考,这正是我们所追求的理想效果。

六、反思与发展

在不断的回顾中我们还在反思:我们开展的校本研修是否有效?还存在哪些问题?我们的教师是否具有一定的良好的研修习惯?我们是否保持了教师研修的热情?老师们如何看待我们的校本研修?他们的内心真正在想些什么?……在不断的反思中,我们发现教师专业发展的支持功能有待继续开发,教师专业发展的评价体系尚需进一步探索,教师专业发展的资源配置还需进一步优化。如何以职业幸福为主线建构通识性的教师专业发展课程,预防和缓解教师的职业倦怠,如何深化具有区域特色的教师专业发展路径,关注实施前后教师发生的深刻变化,凸显其实质性效能,是引领教师走上幸福宽广专业化道路的重要保障。

第四节　高效能智慧减压的新视野

教师成长是教师学会教学、不断习得与教师有关的角色期望和规范的社会化过程。[1] 教师在扮演为人师表角色的同时也承受着来自各方的压力。在你做教师的过程中都遇到过哪些压力?你会合理地调适吗?你又是如何进行压力管理的呢?面对各种各样的问题和繁重的教育工作,你又是如何自我减压的呢?作为一名教师,你在不断调适自己的同时,知道如何做一名有幸福感的老师吗?

一、纵向分析,生涯压力巧调适

(一)新教师压力调适

1. 正确认知,精准发力

作为一名新教师要对自己有正确的认识,经验的缺乏必然导致课堂没有想象中的精彩,资历的浅薄必然会让新教师面对质疑和不信任的目光,这是我们必须要坦然面对的实事,没有必要患得患失,更不能焦虑急躁。只需要在工作中充分发挥个性优势,努力补足专业短板,量身定做成长目标,在自己的能力范围内一步一个台阶,稳扎稳打,压力也就不足为惧了。

比如,如果学生不喜欢你的课,就去听名师的课,照葫芦多画瓢;如果自己的教

---

① 赵昌木. 教师成长论 [M]. 兰州:甘肃教育出版社,2004:32.

育智慧欠缺,就去成熟教师的教室里,观察教育管理的小细节;如果家长来询问学生的情况,就详细而具体地描述孩子的表现,征询家长的意见,用真诚消除家长们的质疑。

2.汲取力量,积极成长

对新教师而言,只要努力就是最成功的自己。在日常工作中如果遇到困难而自己又无力解决时,不要憋在心里,要学会倾诉和沟通:与同龄人沟通,释放自己的压力;向成熟教师请教,解决自己的压力;与领导干部沟通,得到他们的理解与帮助。所谓"听君一席话,胜读十年书",当你从家人的身上感受到无微不至的关怀时,从专家的身上感受到专业成长的智慧时,从同事的身上感受到真诚无私的帮助时,你就会汲取成长的力量,激励着你变压力为动力,不断向上,积极成长。

(二)骨干教师压力调适

1."成熟"背后的压力

我们通常把职业素质相对优异,在学校发挥骨干作用的教师称为骨干教师。[①]他们是学校发展的中坚力量,也是学校里最具有"压力"的人群。自身对"完美"的渴求一朝受挫会比其他教师更容易"崩溃";非常在意组织和同事的评价,一旦没达到自己的心理预期,就会从热情成长期直接跌入职业挫折期,甚至产生极端反应,伤害自己和他人。骨干教师在工作压力之外家庭的负担也同样并不轻松,正好处在老人需要赡养、孩子需要教育引导、配偶双方需要互相理解体谅的年龄,这些关系处理好了会增强自身的家庭幸福感,否则会带来无形的压力。

2."五量"凸显的魅力

人在愉悦的心境下工作,不仅会提高效率而且对人的身体健康有巨大的作用。既然对学校的各项常规工作了如指掌,那就提前做好应对准备,这叫提前量。面对突发而又非干不可的工作不妨欣然接受,当然也要学会适当的拒绝,彰显自己的工作价值,这叫平衡量。创新不仅可以激发教师的创造欲望,而且可以最大化地实现个人价值,因为自我成就感特别强,再繁重的工作也变得好像简单了许多,这叫创新量。骨干教师在学校里往往处于领头人的地位,要么是教研组长,要么是年级组长,因此要注意建立集体攻关的心态,这叫合作量。还要拿出一部分精力处理好家庭和

---

① 潘海燕,夏循藻.骨干教师成长的秘诀[M].北京:中国轻工业出版社,2007:1.

社会上的事情,这叫统筹量。这些积极、乐观的减压方式会使骨干教师始终保持昂扬的动力,一路向好。

(三)老年教师压力调适

随着年龄的增长,更年期的来临,身体的每况愈下使得老教师觉得工作起来并不轻松。尤其随着职称评审的放开,很多老教师都希望在退休前评上高级教师,于是不得不给自己加压,出公开课、做经验交流、发表论文、申请支教……压力可想而知。所以对老教师而言,保持稳定的情绪至关重要。不要事事处处把"老"字挂在嘴边,做童心未泯的老师,勇于打破思维定式,善于接受新事物,让大家感受到"家有老,是个宝"。不要拿自己的付出、收获、待遇与别人来比较,保持平常心。当我们把学生的成长作为自己人生价值的体现时,"桃李满天下,人间竟芬芳!"

二、横向分析,角色压力巧适配

中小学教师难当,校长更难当。可以用"夹心饼"形容时下学校干部以及班主任的压力现状,夹在校、家、社之间,夹在教育教学与各种琐事之间,可谓是重重煎熬。

(一)复杂的角色定位

课改以来,太多的角色定位让教师们压力巨大。比如,对校长而言,既是课程领导者还是改革引领着;既是安全责任人还是绩效考核者……教育管理着众多的未成年人,承载着众多家长、社会的期望,学生体伤事故屡见不鲜,教师师德事故屡禁不止,家长举报事件防不胜防……

此外,作为学习者、研究者,老师们要定期不定期地培训、教研、学习,常常与教育教学工作形成冲突;小学升初中虽然取消了升学择校考试,但中考、高考还在,教学质量压力依然很重。

(二)学会角色适配

1.校长角色适配

教育部门应给予校长与其责任相当的权力和办学自主权,适度"轮岗交流",督导评估重在发现、诊断学校问题,帮助校长解决问题。校长要不断提升自身的领导力水平,通过以人为本的顶层设计和现代学校治理制度建构,做到权利层层有、任务个个担、责任人人负,把下层的积极性、主动性、创造性发挥出来。校长要学会做人,善于搭设情感沟通的平台,掌握灵活多样的激励方式,激活教师内心的真、善、美。校长要适当放权,用真诚、真情、真本领形成向心力、团结力和战斗力,在宏观把握、中观指导、微观处理中实现校长的自我减压。

2. 干部角色适配

中层的"中"字,说明它兼有领导和下属的双重身份。因此要给自己定好位,正确对待领导、下属和自己,做到敬以向上、宽以对下、严以律己。正确对待工作,做到落实、执行,管理、服务,联系、沟通。作为干部,既要有执行力又要有研究力,还要有影响力,要善于把管理职能化作挖掘才华和组织才华的艺术,不是单纯的上传下达,而是创造性地开展日常管理。这样才能在学校管理制度与特殊教师的利益发生冲突时,做到坚持原则不放松,耐心解释不冲动,特殊情况细沟通,自我调整不积郁。作为干部还要有奋斗但不纠结的心态,少些抱怨,多些理解,正确对待升迁,要有在哪个位置上都可以有一番作为,都可以为教师、学生做点实事的胸怀,正确面对别人的议论,保持心态稳定。

3. 班主任角色适配

班主任是学校教师中最"繁忙"的群体,事无巨细,一天下来身心疲惫不堪。如今的孩子越来越难教育,特殊学生带给班主任的压力尤其大。家长的呼声无处不在、心态和要求各异让班主任不知何去何从,社会各界也越来越关注其德能勤绩,频遭投诉和举报。班主任虽然挣得稍多,但绩效考评压力天天有,引发教师焦虑。如何实现自我调适呢?

作为班主任,要合理地管理好自己所面对的角色压力。一是善于从纷繁复杂的事件中找出头绪,做到"纵有千头万绪,心有一定之规",从容应对。二是面对特殊学生的管理和教育,要有爱心、耐心、细心、恒心和慧心,做到"纵有千错万错,爱他总没有错",智慧应对。三是面对素养水平、教育方式各异的家长,沟通时要多几分爱心,多几分宽容,多几分尊重,多几分信任,多几分智慧,做到"纵有千言万语,沟通理解万岁",巧妙应对。这样来自家长、社会的压力也会自然地消于无形。

4. 学科教师角色适配

学科教师的压力主要来自教与学两个方面,一是教学研究、课堂管理和质量监控的压力,每一个教师都会经历上课、听课、评课的磨炼,既要发挥学生的主观能动性,又要发挥教师的主导作用,提高教学质量。二是批改作业、辅导学困生、应对活动竞赛的压力,既要面向全体,又要照顾个体;既要看顾学业又要考量活动发展,要学会在矛盾中求变,努力满足学生的全面发展。

三、智慧统整,做有幸福感的教师

教师是教育事业的主体,教育是一种育人的社会性事业,教师是否快乐与幸福,不仅决定着教育事业能否取得发展进步的持久性而且教育主体的人格动力,会对学生的人格成长和学业发展发生直接而长远的影响①。

(一)学校支持策略

1. 以师为本,给予人文关怀

以师为本,就要保障教师的民主权利,充分调动教师的积极性、创造性,提高教师的自我价值感;以师为本,就要尊重教师、关爱教师,为教师的工作、生活和学习排忧解难。

2. 全心服务,建构和合文化

生活中最大的幸福是有人爱我们。学校要通过制度建构、培训学习、活动开展等方式让学校内的个体之间、个体与群体之间、群体与群体之间都可以进行思想交流、情感沟通,品味精神的愉悦,让教师在和谐的人际环境中快乐工作,愉悦生活。

3. 改革评价机制,贯通激励关怀

要把建立公正合理的评价激励机制作为使教师得到职业幸福的评价导向,通过实施具有发展性、诊断性、反馈性、民主性、科学性的教师评价,增强教师自尊心,提高教师的积极性,提升教师的幸福感。

(二)个人调整策略

1. 用积极的情绪面对

教师要从内心接受现状,制定切实可行的发展目标,不给自己施加不切实际的压力,保持快乐稳定的情绪——悦己,不要让自己有幽怨的神情和抑郁的面容。有委屈有压力时要及时和他人倾诉,从中得到精神的鼓舞和支持。当压力过大时,不妨利用节假日,和家人、朋友一起放松,调节疲惫的心智,暂时忘却压力的存在。

① 邵春艳. 刍议教师幸福感的归因及其培养策略 [J]. 教书育人高教论坛,2010(10):30-40.

2. 感受工作的幸福

教师醉心教学研究,营造一个充满活力的课堂,会体验到教书的成就感。教师积累德育的智慧,赢得学生的喜爱与敬重,会醉心育人的快乐。教师要善于与同事、与学生家长进行平等的交流与合作,从多方面总结教育经验,只有各个方面的关系都融洽,教师才能感受到工作的充实与价值,从而以更加积极、幸福的心态工作。

3. 感受生活的快乐

每个人都有压力。我们要认识到压力存在的必然性,建立合理的期待,乐观、积极,坚韧、顽强,学会取舍。我们要善于在学习中不断提高自己,处理好工作和生活的关系,给自己留下生活的空间,培养自己的兴趣爱好,通过娱乐、散步、爬山等放松活动调节身心,做到张弛有度,这样才能以积极愉悦的心态接受压力、化解压力,让我们的生活更美好!

第二编

课堂实践智慧论

第 三 章

活动赋能激扬课堂智慧

第一节　活动教学法的内涵和外延

一、活动的内涵与外延

活动教学意义上的活动,主要是指学生自主参与的,以学生学习兴趣和内在需要为基础,以主动探索、变革、改造活动对象为特征,以实现学生主体能力综合发展为目的的主体实践活动。主要有五个特性。

(一)主体性

这里的主体性,一是指自觉能动性。学生在教学活动中,作为活动的主体,知道自己在做什么,为什么做,怎样做。在很多情况下人的能动性是潜在的、不自觉的,因此,教师要努力创造条件,使其主动参与。二是主体创造性。学生以认识主体与发展主体的身份参与教学活动,既能动地认识客观事物,同时又能动地进行着创造,以及对原有模式的突破和对现实的超越。三是主体自主性。学生在教学活动中,能积极地自主地自我完善、自我提高,实现自我价值、自我需要,最终实现自主发展。

(二)实践性

这里的实践性是指借助一定的物质手段,运用学生的多种感官,在做中学,在学中做,教、学、做合而为一,改造学生的主观世界,塑造学生的人格品质和创造能力,促进学生主体发展的活动。也就是说,在活动中学习强调的是理论与实践的结合、直接经验与间接经验的融合。

(三)生动性

"动"则"生","生"必"动"。这里的生动性一方面体现在学习内容方面——动听、动感、动手、动容,精心选择学生喜欢、充满趣味和挑战、让学生能够主动参与的活动;另一方面凸显学习方式——行动、劳动、活动、心动、运动、联动,最终指向主观能动,让学生在活动中学习,在做中学、在玩中学、在实践中学、在动手操作中学,唤醒学生的潜能,丰富心智,激活思维。因为只有学生"动"起来才能得到真正的,实实在在的发展。

(四)整体性

完整的活动是由外部活动和内部活动两部分构成的,外部活动主要指实物性的操作活动,感性的实践活动。其中常见的有观察、操作、练习、交往、社会实践等。它的主要目的不在于改造外部客观世界,而在于通过外部活动,掌握人类的历史经验,进而促进认知结构的形成。学生的内部心理活动是多方面的,主要包括知、情、意三个方面。三者相互联系、相互渗透,共同构成了完整的学生主体的内部心理活动。

在我们看来,科学、完整的学习过程是一个由外而内、由内而外的物质活动与观念活动相互联系、相互作用、相互转化的过程,是活动内化和外化的统一。学生学习活动的内化过程,就是学生的外部感知、操作活动经过不断的概括化、言语化、简缩化逐步形成概念或者思维的过程。学习活动的外化则是将内部过程在操作和言语上展开、呈现出来,我们称为之"思维的可视化"。

(五)建构性

这里的建构性是一种指向活动对象的主动建构、积极探索、不断改造的活动,最终建立起适合自己的学习心智模型。主要体现在三个方面,一是深层理解学习目标,形成结构化的知识体系,掌握真正的、有效的知识。二是思维的高水平进阶。创造出特定的活动情景,让学生去思考、去探索、去尝试,在问题解决中实现思维的进阶。三是在沟通、合作和支持中,理清、表达自己的见解,聆听、理解他人的想法,在接纳、赞赏、争辩、互助中对知识产生新的洞察。

二、活动教学法的内涵与本质

(一)活动教学法的内涵

活动教学法是指智慧运用教学手段或教学设施,把学生的学习内容设计为特定情境中的"活动"内容,以适宜的活动方式,让学生自主参与、自主体验、自主探究,从而实现知识建构、思维进阶、素养发展的教学方法。

(二)活动教学法的本质

活动教学法将活动的观念引入教学过程,赋予教学过程一系列新特点。

（1）在目标上，活动教学法更加注重学生的素养达成度，即情感、态度、行为习惯、认知能力等方面的培养效能。

（2）在组织上，更注重热烈、民主、生动的师生互动、生生互动。教师走近学生，征询学生的意见、参与学生的学习讨论；教师让出讲台，把更多的空间留给学生，把更多的关注倾注给学生，把更多的主动权还给学生，实现学生的"真投入、高产出"。

（3）在教材上，需要根据学生学习的内容去很好地设计，有时需要对教材进行调整，有时需要对教材进行补充，有时需要对教材进行改造，不断满足学生学习和发展的需要。

（4）在方式上，通过建构生动活泼、丰富多彩的具有创造性、教育性、实践性的活动，使学生主动参与、主动实践、主动探索，占有知识的同时占有镌刻于知识中的人格特质。

（5）在评价上，不但注重结果评价，更注重过程评价，注重对学生认知、情感、意志等方面的评价。注重使学生、家长都参与到评价中来，特别是学生的自我评价。

三、活动教学法的指导原则

（一）实践性原则

活动教学法在重观念活动的同时，更加注重主体实践性活动，引导学生用眼、耳、口、鼻、手等多种感官去获得直接经验，增加感性认识，让学生在亲身实践和实际体验中，独立思考，同伴互助，提高解决实际问题的能力。

（二）主体性原则

使全体学生都成为活动的主体，这是衡量活动教学法成功与否的标志。要确立学生在活动中的主体地位、主动状态，尊重学生的自主权，尊重他们独特的思维方式和活动方式，尊重和保证活动的独立性和差异性，使学生成为活动的主人，主动参与、积极探究。

（三）生成性原则

由于活动双方都是具有能动性的人，同时影响活动的还有诸多因素，因此"活动"潜藏着多种生成性，新的状态不断生成、动态发展。这就要求教师有教育的智慧和艺术，准确把握、弹性处理，主要体现在活动的设计和创造性开展上，落实和体现在使每个学生积极投入，使活动充满生命力并充分促进学生的发展上。

（四）开放性原则

教学是一个开放的过程。一是内容的开放，主要表现在内容的丰富多样性和内容的可供选择性。开放的活动内容能够满足处在不同发展水平、具有不同兴趣、爱好的学生发展的需求。二是空间的开放。根据活动的需要，活动空间可以由课内向课外乃至校外延伸。即使是在室内进行教学活动，也可以根据活动特点，打破"秧田式"座位编排，进行创意组合，使固定空间变为弹性空间。三是氛围的开放。营造自由的、无所畏惧的、独立探索的活动环境，激发学生活动的积极性与满足感。

（五）生活化原则

学生的生活与经验是学习和理解的基础。要注重通过日常生活中具体的经验与生活来学习，要在经验的范围内发现适合于学生学习的材料。注重选择有可能引起新经验的知识点；注重选择贴近学生生活的知识点展开教学。活动设计有更多的对生活的实际感受和与现实、大自然的直接接触，引导学生在多样的、具体的生活经验中学习。

（六）指导性原则

活动与教学一旦联系起来，就有别于"自我活动""自发活动"，它要求教师将教材内容真正融入活动中。要求教师通过参与学生的活动，对学生进行观察和指导，从中了解学生的内在活动需要和活动特点、水平，及时给予调整。

第二节　活动教学法的活动方式

活动教学法最实质的表现就是通过一个又一个的活动完成教学目标，并在完成目标的过程中实现学生核心素养的发展。由于课型不同、学生的素质发展水平不同，所采用的活动方式也必然呈现多种形态，需因课因人而异。

一、体验型活动方式

体验是人的一种心理感受，体验学习是学生最基本的学习方式之一。因为体验不仅对学生的感性认识学习有帮助，而且在发展学生的情感、意志、态度和价值观方面有着独特的作用，所以体验型活动方式是教学中经常运用的一种教学方式。例如创境教学、欣赏教学、课本剧、游戏等方法，都属于体验型的活动方式。

（一）活动流程

创设真实的问题情境，为学生提供活动实例，引导学生在活动中主动感受。特别要关注学生体验到了什么？是通过什么来体验的？以此来使学生通过探索体验，在身临其境中解决问题。

（二）操作要点

运用体验型活动方式要注意以下三点。

（1）体验型活动方式要求形式上的新异性、内容上的实用性和方法上的启发性。使学生兴趣盎然地主动产生一定的情绪体验，并以此调动学生情感、知觉、思维等一系列的内部心理活动，完成外显性活动向内隐性活动的转化，最终形成结论，完成内化。

（2）在体验中感知，在体验中创造。活动教学法追求的是创造水平的教学。因而在体验型活动方式中必须突出学生的创造，让学生通过体验有所发现。

（3）将体验作为学生个性形成的基础和个人成长的基础。不同的学生对于事物会有不同的感受，因而就有不同的体验，这种不同的体验也就赋予了学生不同的个性。教师要尊重和接受学生对于观察的不同感受，实现个性的成长。成功与失败的体验对于学生同样重要。教师要引导学生在成功的体验中克制自己的骄傲情绪，在失败的体验前不沮丧、不退缩，从失败中学习，在失败中崛起。

二、探索型活动方式

现代学生的学习过程从某种意义上是对人类社会文明发展过程的一种认知意义上的重演。在教学过程中，让学生踏着前人的足迹，部分地重新发现他们学习的内容，对于学生的发展具有多方面的意义。因为在这一过程中，学生在获得知识的同时，还会掌握发现知识的方法，培养学生的探索精神和创造精神。例如教学中经常使用的动手操作、实验、尝试教学、发现教学都是探索型的活动方式。

（一）活动流程

（1）有目的地选择重演和再现的内容。

（2）创造探究和发现的情境，激发学生的探究欲望。

（3）提供有结构的教材，使学生易于操作。

（4）在操作中鼓励运用各种方式完成发现，有所创造。

（5）在教师的指导下完成科学的分析与概括，最终形成概念，完成内化。

（二）操作要点

（1）并不是所有的知识都适合重演和再现,只有那些在人类认识史上产生过重大影响或对于学生的创造型心理品质培养具有典型意义的知识和技能才适合重演和再现。

（2）活动材料是引起和形成学生探究、发现、经历的工具,一般由教师提供或学生自备。自制的教具和学具体现了师生的创造性和自主性。课堂上准备的材料太少了不行,因为只有学生有选择材料的余地,学生才能活动起来;材料太多了也不行,多余的材料会变成无关变量,影响和干扰学生的探索;材料太繁杂了也不行,这会使学生无从下手,难以发现,占用过多的时间;材料太简陋了也不行,这会使学生的兴趣不大而难以产生探究的欲望。

（3）鼓励运用多种方式完成发现。探索型活动方式的意义在于学生的探究过程。对于同一问题的不同探究方式,表现了学生的创造能力和带有个性特征的思维方式。因此,教师在活动的过程中,要努力促进多方发现,及时鼓励那些“与众不同”“标新立异”的行为,并及时向全体展示。

三、交往型活动方式

交往是人与人之间的一种相互作用,它与教学有着不可分割的关系。在以班级授课制为主的课堂教学形式中,认知与交往是共生的,学生对知识的掌握必须经历集体智力活动的阶段。学生的学习离不开交往,同时,交往对于学生的发展还有多方面的意义,包括主体意识的形成、掌握与人沟通的技巧,培养合作意识等。课堂中的集体讨论、小组讨论等都属于交往型的活动方式。

（一）活动流程

（1）提供活动背景,提出需要解决的问题。
（2）采取小组学习或班级学习的方式进行探索或研讨。
（3）得出最终结论,解决问题。

（二）操作要点

（1）交往型活动方式要建立在学生独立学习的基础上。当学生需要资源共享时,当学生需要迫切解决问题时,当学生产生意见分歧时,当出现一节课的高潮时……抓好时机,适时组织课堂讨论活动或小组学习活动,都可以在一定程度上满足学生的“精神需求”,激发学生学习、探究的热情,从而找到问题解决的办法,完成内化。

（2）教师要使所有学生都主动参与并始终处于积极探索状态，鼓励学生自由而准确地表达，使学生在交往中认知，在交往中完成知识的内化和自身各项素质的发展。

四、创造型活动方式

创造是人的主体性发展的最高境界，是个性得到发展与完善的必要条件。因而，创造性活动方式重在激发学生的创造动机，培养创造态度，形成创造性人格。例如作品创作、即兴表演，都属于创造型的活动方式。

（一）活动流程

（1）给学生提供创造的时机。其中，直觉是创造的心理基础，想象力是创造的前奏，观察力是为创作积累榜样。

（2）促进学生直觉、想象力和观察力，激发学生创造动机，积累学生的创造品质，形成创造型人格。

（二）操作要点

（1）随时发现创造的时机。一是让学生在课堂中直接进行创造型的活动，包括即兴表演、自制模型、运用直觉解数学题、开班会等。二是活动向课外延伸。如组织学生参观、考察。三是让学生接受更多的科学技术信息。如关注新闻、收集剪报，扩大学生的视野并增进学生对于创造性活动的了解。

（2）关注学生思考问题的独创性和新颖性。在活动中，要使学生认识到，创造性人皆有之，创造无处不在，创造随时可见。教师要敏锐地发现学生具有独创性和新颖性的思想，给予及时的鼓励。

五、活动方式的设计原则

（一）从学生的实际出发

从学生的实际出发是设计活动方式的首要原则。活动都是为对象服务的，它包括学生群体的实际知识、心理水平、当时的教学设施、教学环境等。在设计活动前，一定要先考虑这些因素，活动才具有可操作性，才能从一开始就抓住学生的情绪。

（二）为学生的发展服务

为学生的发展服务是设计活动方式的关键所在。

（1）活动的目的是激发学生主动探索，变革改革活动对象，所以在活动的过程中一定有一段时间和空间是放给学生的，让学生凭借自身的观察和动手操作大胆实践和思考。

（2）活动一旦开始，面向的就是全体学生，因而活动就要同时满足处于不同发属水平，具有不同爱好和个性的，大多数个体的需要，所以活动的内容一定要丰富而且要具有选择性。

（3）活动开始后，学生完全变成了活动的主体，因而活动的发展一定要以学生具体活动的表现、需求为依据，随时创造性的变革活动的方式、方法。

（4）活动的可转化性特征，是学生处于自主学习状态的保证，也是活动具有创造性的源泉。教师要将活动的水平定位在学生的最近发展区内，向学生提出具有发展性、挑战性的问题。

（5）活动是一个完整的有始有终的过程。教师指导学生把知识在实物水平和言语水平上展开，而后通过学生自己的探索，剪辑掉无用的环节，降低知识的难度，突出知识的重点，从而得出学生认可的结论，完成知识的学习，提高活动的内向化水平。

（6）活动要关注学生思考问题的独特性和新颖性，要能促进学生直觉、想象力和观察力的发展。要能激发学生的创造动机，培养创造态度和形成创造性人格。

第三节　活动教学法的操作程序

任何一种教学思想或者教学方法的提出，最终都要通过课堂的实践探索，总结出富有实效的便于操作的程序或流程，活动教学法也不例外。

一、前期准备"五追问"

在实施活动教学法前必须首先明白和确定以下五个问题。

（一）学生原来知道什么

"活动"的服务对象是学习者。为了做好"活动"设计，必须分析、了解学生的情况，了解学生已有的学习经验，掌握学生的一般特征和初始能力，以找准学习新知识的衔接点。这是活动设计的切入口。

（二）学生想要知道什么

在了解学情的基础上，我们还要知道对于即将要开始的学习，学生想要知道什么或者说教师应该让学生知道什么。

教师如何使学生产生想知道什么的欲望，这对教师的课堂教学设计来说，就显得尤为重要了。这里主要是要引起学生寻求一种新旧知识之间联系的需要，引发学生学习和探究新知的一种强烈的学习要求，激发学生探究的欲望。

（三）要解决什么关键问题

要达到学生想知道什么的目的，找准解决的问题是关键。这对下一步教师选择什么样的活动方式，如何去设计有效的活动，起着一个承上启下的作用。

（四）采取的活动方式是什么

采取什么样的活动方式，要因学科、学习内容和学龄段而异。这需要教师根据实际情况，尤其是根据问题的性质，分析研究采取什么样的活动方式最适合学生的学习、对解决问题最有利，这是活动教学法的一个关键的问题。

（五）活动的结果应该是什么

活动的最终结果应该是有利于促进学生的发展。具体地来说，就是教师要清楚活动对学生所产生的实际效果应该是什么。

二、具体实施"四阶段"

活动教学法在操作时须经历四个阶段，即提出问题阶段，探究、体验阶段，分析研讨概括阶段，知识应用阶段。

（一）提出问题阶段

活动教学法首先从问题入手。教师要巧设问题情境，引起学生学习兴趣和求知欲，这是引发学生学习的动因。目的是使学生产生"活动"的要求。需要说明的是，有的时候问题不明确或者是隐蔽性问题，需要教师引导学生找出来。

（二）探究、体验阶段

提出问题是为了解决问题。教师要向学生提供探究、发现的真实情境，激发学生的探究欲望，最重要的是使学生了解知识的产生过程，通过发现问题、解决问题的过程，在获得知识的同时获得探究知识的方法和途径。探究的意义在于学生主动体验探究过程。学生学习过程中的主动体验能使学生的外部行为引起学生内部的变化。体验学习所形成的体验性思维方式,是一种重要的认知能力。

(三)分析、研讨、概括阶段

学生在完成探究、体验之后,往往不能通过事物的外在表现抓住本质,也不能对知识进行准确的抽象和概括。这是因为学生在对外部活动对象进行感性认知活动后,还要向心理活动延伸。要通过探究活动对问题展开分析、讨论、辩论、交流、剖析,使之经过探究、推想、验证直至概括结论。从而引导学生将从外部活动中获得的感性经验转化为理性思维、情感态度价值观。可见,内向化的过程是思维情感运动的过程,也是促使学生多角度思考、分析,形成概念、升华知识的过程。

(四)知识应用阶段

怎样去深化探究得出的这个结论呢?那就是要通过对知识的应用来达到对结论的进一步深化和对知识的进一步内化,活动教学法在知识应用上的最大的突破就是融综合性、开放性、创造性、延伸性为一体。培养和提高学生用获得的知识和技能去解决实际问题的能力。

问题的提出是整个学习的前提基础;探究、体验来自问题的引发,它是解决问题的必经之路;分析、概括的过程,是向内化水平转化和提高的手段;而知识的应用则有利于学生有效学习的保持和再现,有利于提高学生运用所得去解决问题的能力,更有利于学生思维的独创性以及学生的学习态度、情感……得以发展。

五、教学结构"七环节"

活动教学法在学科教学中实施,其课堂教学程序结构流程为:设置课前活动→巧设问题情境→提供有结构的活动材料→指导探究、体验,鼓励发现质疑→组织研讨,思维"碰撞"→分析概括得出结论→知识应用,延伸学习。

(一)设置课前活动

课堂教学活动的效果如何,在一定程度上取决于课前准备得如何。课前活动包括准备活动材料、课前调查、课前制作等。课前活动的目的是为课堂中的教与学提供材料储备和心理储备,使课堂教学活动具有可行性和有效性。我们认为,当一个人对新学习有准备时,他的能力与兴趣就已经发展到新学习阶段的开始,这时再组织课堂教学,实际已经完成了有效学习的第一步。

(二)巧设问题情境

不论是什么样的活动,都是从问题入手。学习过程实质上是一种提出问题、分析问题、解决问题的过程。但如何提出问题,创设问题情境,引发学生对本节课的学习兴趣,引起学生对知识探求的欲望,产生活动的要求,这就要看教师如何从学习内容、课型、学生的认知规律、学生的学习需求、心理需求等方面去全面考虑巧妙设计了。问题可以由教师巧妙的提出,也可以巧设问题情境由学生自己提出。

(三)提供有结构的活动材料

运用活动教学法解决问题,主要是通过一个又一个的活动来完成,这就需要向学生提供有结构的活动材料,它们是完成活动的中介。在这个环节教师要特别注意:一是提供的时机要能有效促动学习的"真实发生";二是供给的活动材料要具有思维进阶的结构性特征,即以核心概念为统整,设计大单元活动材料。

(四)指导探究体验,鼓励发现质疑

学生带着问题利用活动材料展示探究、体验,以期有所发现。这是课堂教学活动中是最重要的环节,因为它关系到质的飞跃。在这个阶段,教师要注意以下三点。

(1)给学生充分探究、体验的时间和空间。不要急于求成、不要包办代替。让学生自己去摸索、去体验、去思考。

(2)教师要发挥充分的指导作用,要随时了解学生的探究方法,了解学生体验到了什么?发现了什么?遇到了什么问题?要及时给予鼓励,使活动得以顺利进行下去。

(3)教师要发挥充当合作者的作用。在学生受到无关变量的干扰或思路出现偏斜时,教师要充当合作者的角色给予帮助。

(五)组织研讨,思维"碰撞"

讨论既是一种师生双边的活动,又是在教师的指导下,以学生为主体,经过积极思考、相互探讨,实现问题解决、认识深入的活动过程。讨论能最大限度地激发人的智慧。同时,在讨论中集思广益,相互启发,实现信息交换,扩大信息和思维容量,并及时对各种意见进行分析、比较,培养学生的比较思维和评价思维。在讨论中,学生的反馈能力、口头表达能力都能得到很好的锻炼。讨论还能使学生的认识状况充分地暴露,教师能及时获得信息的反馈,增加教学的有效性和针对性,提高教学效率。此外,讨论还能使学生在课堂中思维活跃,情绪热烈,兴趣提升。在这个阶段,教师要注意以下两点。

(1)讨论的形式要活,根据时机适时开展同桌讨论、小组讨论、全班讨论等。

（2）讨论的气氛要活。教师的任务是组织好学生主动参与并使学生始终处于积极的有目的讨论状态中。教师要敏锐地发现学生具有独特性和新颖性的思想,给予及时的肯定,特别要鼓励学生展开争论,课堂气氛民主、活跃、热烈。

（六）分析概括得出结论

通过讨论,学生对问题形成了一定的认识,这时,教师适时指导学生概括总结形成最后的结论,掌握知识的“整体”结构。特别提倡由学生自己独立进行归纳、总结,体现学生的自主性。

（七）知识应用,延伸性学习

延伸性学习对于学生知识的巩固与深化,对于能力的形成与发展以及对于学生探索精神和科学思维的培养都起着十分重要的作用。在内容上,延伸性学习包括巩固性应用和发展性应用。巩固性应用既是一种必要的模仿,更是经过变式后知识的训练。发展性应用则重在培养学生的科学思维,激发学生继续研究的欲望。此外,学生在课堂上的学习时间、空间都毕竟是有限的,因而教师此时最重要的作用就是使这种学习延伸到课外。所以,延伸性学习既是课堂教学活动的终结,又是学生自主性学习活动的开始。

第四节　活动教学法的实施策略

运用实施活动教学法,还要注意挖掘学科本身所固有的特点以及学科要素的培育,使学生在学习过程中,掌握知识、培养能力、发展个性、形成品质,得到全方面的综合发展。

一、课堂实施策略

（一）教学目标

参照新课标要求,明确设定目标。教学目标要充分体现以人为本,以学生为主体;以活动促发展,以学生的自主学习为习得知识的主要方式,以学生核心素养的发展为取向;以知识为载体,为学生的发展服务的教学思想,找准重点、难点。

（二）教材理解

教材处理要吃透教材,深挖镌刻于知识中的有关品质;深挖教材中所蕴含的“活动”因素。根据需要改造教材,或增删或修改,或补充有关资料。

（三）活动设计

活动设计要使活动不游离于教学目标之外,活动解决的问题针对性强,不以巩固和练习为活动的主要目的,而是重在帮助学生发现、探究,激发创造热情。活动要适合学生特点,被学生所喜爱,易于参与,参与面大。活动要创造出让学生自由探究的情境,使学生在活动中可以自主学习,发挥潜能,提高学习方法。

（四）教学组织

教学环节要符合学生的认知规律,做到感知表象→言语符号→应用活动,整堂课要安排紧凑、脉络清晰。要坚持实事求是的原则,体现学生概念形成的自然过程,尊重学生获取知识的自然状态。组织形式上要充分发掘时间空间的潜能,安排合理,适合活动开展,利于学生参与,便于学生探究,恰当运用现代手段和数字技术。

（五）教学气氛

学生在宽松的气氛中自主学习,态度积极,情绪饱满,每个学生在思维成长和情意发展方面都有所收获。课堂上人际关系和谐,师生之间和学生之间平等、民主、合作,学生踊跃发表意见,畅所欲言,并敢于反驳、反问,提出异议。学生善于运用活动教学课堂用语,较好地完成学习。学生课堂上的发现与创造是活动教学法课堂的高潮。

二、课堂表现策略

（一）课堂机智

（1）不包办代替,充分调动学生的自主精神。

（2）淡化权威,以合作和共同参与的姿态进入状态。

（3）课堂上教师充分焕发生命的活力,以良好的情绪,满怀兴趣和激情参与活动。

（4）教师充分调动发挥自身的智慧与能力,调控课堂进程,创造性驾驭课堂。

（5）教师仪态大方,语言简练、生动、幽默,启发性、激励性、鼓动性强,善于追问。

（6）面向全体学生,关注每一个学生,适时给予学生鼓励性评价。

（7）重视培养学生的批判性思维、求异思维和创造性思维,使学生的学习态度、学习兴趣、学习方法、学习习惯、探究精神、创造精神、合作精神及能力等均在学习过程中得以培养。

（二）关系处理

1. 教师与学生的关系

教师在课堂可以是学生的导师,可以是学生的朋友,还可以是学生的合作伙伴,课堂上出现的是一种浓厚的民主、平等、和谐而热烈的学习氛围。教师以完全平等的姿态与学生一起查阅资料、寻求答案,真正实现课堂教学中的教学相长。

2. 放与收的关系

要想让学生参与、活起来,教师必须敢于放手。但是放不是无原则的,放与收需要教师能够灵活地驾驭课堂,既能充分发展学生的思维,又能保证教学任务的基本完成。这是教师的教学艺术问题。

3. 教师与教材的关系

教师既要尊重教材,又不拘泥于教材,而且能够灵活地使用教材、补充教材、调整教材和改造教材。从更高的层面、更广阔的视角去把握教材、理解教材,创造性地驾驭教材。

（三）课堂用语

(1)"不必拘束,放松点好吗?""愿不愿意?想不想?"

(2)"没关系,再说一遍。""试试看,你能行。"

(3)"想得很好,请讲下去。""你想怎么做?试试看?"

(4)"有进步,再努力!"

(5)"你们小组讨论得真热烈,过会儿汇报的时候可别漏下好见解。"

(6)"谁还有不同意见?你们怎么看?"

(7)"我想……你们认为如何?"

(8)"你比老师想得多,真了不起。"

(9)"问题解决了,老师真为你高兴!"

(10)"大家同意他的意见吗?我也同意。"

(11)"你们的问题也很重要,我们放在下课后去研究好不好?"

(12)"您的想法非常好,真聪明!"

(13)"你很会归纳大家的意见。"

（14）"没关系，老师相信你会改过来的。"

（15）"这样行吗？请说说为什么？"

（16）"假如……那么会怎样呢？"

（17）"其实你们很愿意讨论（做），只是暂时还没想出办法，是吗？"

（18）"谢谢你们，给我出了这么多题目，有的问题让我想想再告诉你们好吗？"

三、学科应用策略

（一）课前活动策略

就我们现行的教材而言，它只是为学生提供了典型信息、帮助策略的典型材料。若老师把完成教材内容看作教学的目的和归宿，是远远不能满足学生学科核心素养的培育要求的。因而，教师必须转变教学等同于课本教学的错误观念，打破学科活动仅限于课内的局限性，还孩子以广阔、开放的学习世界，使他们真正成为学习的发现者、研究者、探寻者。

就语文而言，现行教材的编排注意了学生的年龄特征，遵循了循序渐进的规律。但总有些内容与现实社会及学生的认知水平、知识基础有一定差距，面对一些陌生的人、事、景，学生难以理解其中的情、理、境。孤零零地让学生咬文嚼字，分析章法，难以与作者共鸣，产生真实感情。因而要鼓励学生或阅读课外书籍，或亲身寻访了解，或通过各种媒体广泛地查找搜集与文章相关的人物生平、历史背景、生活环境等资料，使学生掌握更多的感性材料和理性知识，以备在课堂学习中能及时地提取知识储备和信息。

课前活动的设置一旦使学生产生兴趣，他们所获取的知识量会远远地超出教材及教师在备课中设定的范围和数量。学生的潜能和创造精神必将充分释放，不仅能满足孩子们的知识需要，更能满足其心理需要，拓宽视野、锻炼意志。并使学生把课堂上所学的新知识、新内容融入他们已有的知识体系，使新旧内容相互影响、相互促进，产生特殊的吸引力，以提高学生思维的广度和深度。

（二）交流收获策略

（1）为学生提供展示自我的机会，使学生在自主获取信息、体验成功、增强自信的喜悦中，取代并超越教师的包办代替。

（2）学生运用语言表达自己在活动中的经历、感受，培养学生理解、归纳、表达的能力，在发展语言的同时使思维方式、认知水平得到潜在的提高。学生一旦产生兴趣,想要说的就会很多,我们在交流中要引导学生选择与归类,提取有效的、与理解文章关系密切的、别人没有交流或与众不同的内容汇报。

（3）通过学生相互间的合作学习,汲取众长,再一次扩大信息量,同时培养学生学会倾听、尊重他人的意识,促进学生交往和合作能力的提升。

（三）发现质疑策略

无论是预习还是查找资料,学生一定会产生许多问题,有完全不懂的问题,有懂得不透的问题,也有教师或其他同学提出的而自己尚未察觉的问题。有的比较浅显,有的比较深刻。学生理解能力不同,问题的难易程度也不同。这时学生的心理状态是,希望自己提出的问题能得到大家的重视,同时希望问题得到解决。因此要尊重学生质疑意识,鼓励学生大胆质疑。

学生勇于提出问题后,教师还应遵循延迟判断原则,对学生提出的各种意见、观点,不要当即做出判断,要不断鼓励学生产生新的想法,大胆地向同学质疑、向老师质疑、向教材质疑,在质疑中求疑,在求疑中发展思维。同时,教师要帮助学生对问题进行分类、梳理,从而发现学习的重点、难点,进而带着问题去学习,解决问题。

（四）互动探求策略

探求新知的活动,是师生共同参与,共享认识成果的活动,它是一个动态的、变化的、不断生成新质的过程。以语文学科为例。

1. 创设情境,体验中产生共鸣

语言是交流思想的工具,它所载负的知识都具有一定的思想情意内涵及审美价值。一篇文章所塑造的伟大形象或动人情节或优美景色,会在学生的人格形成中起巨大作用,或在学生一生中留下难以磨灭的印象。这就需要创设适宜的教学情境激发学生与作者情感上的共鸣,激发学生的内在活动和体验。创设情境可采用事物演示、音乐渲染、图画描绘、投影录像等多种手段,使教学内容直观化、具体化、简单化,再现文章动人的情节、美丽的景物,使学生如临其境,入境动情,突破教学难点,加深对课文的理解。另外,创设情境的一个重要方法是引导学生运用心理换位,在情境中体验角色,表现角色。

2. 适当点拨,启发中深化认识

学生在完成探究任务中,往往不能透过事物的外在表现抓住本质,也不能进行准确的抽象和概括,这就需要教师及时点拨帮助,推波助澜,使学生提高认识,完成

内化。

活动教学法所提出的问题如果不具有新颖性和挑战性,不能有效激励学生的思维,就不可能引起学生的兴趣和求知欲,也就不可能引发真正意义上的学生学习活动。因此,教师在设计活动时,需要花大力气不断向学生提出内容上的矛盾点以及认识中有争议的部分,问在学生"愤悱"之处,点在学生需要之时,以便激励引导学生不但运用创造思维解决问题,而且还要学会这种解决问题的思维方式。在这一过程中,教师要从传统"说一不二"的权威意识中解放出来,努力促进、多方发现、及时鼓励那些"与众不同""标新立异"的行为,并向全体学生展示。

3. 引导自悟,迁移中掌握方法

引导学生自悟,是让他们运用已知求未知,归纳方法,领悟规律,自觉、自由、自知的探索性、创造性学习。引导学生自悟,可采用"引—扶—放"分层渐进的方法,学生不懂不会的适度引,似懂非懂的适当扶,已懂已会的大胆放,调动学生学习的内驱力,使他们"会学"。不是授人以鱼,供一餐之需,而是授人以渔,使其受益终身。

4. 组织讨论,合作中完善提高

小组讨论是主要发生在学生之间的交往型学习活动。教学中学生可利用和组织讨论这一手段,引发学生思维的交叉、补充、完善自悟过程。讨论的内容设计可以多种多样。可以是一篇文章的重点、难点,也可以是一个问题的多解、多变。总之,通过讨论使学生主动地、全体地参与学习过程,以达到让学生主动发展的根本目的。

（五）延伸学习内容

我们要充分利用现实生活中的语文教育资源,优化语文学习环境,努力构建课内外联系、校内外沟通、学科间融合的语文学习体系。如根据课内学习查阅相关内容,实际观察实物,赏析相关作品,摘抄名篇佳句,实地调查访问,完成创意作品。我们还可以组织朗读演讲比赛,交流读书心得,观看音像资料,出版读书简报等活动,达到在广阔的空间里学语文、用语文的目标。

第五节　活动教学法的评价探索

教学评价犹如一根指挥棒,对教学活动具有很大的影响力,起着十分重要的导向作用。评价主要包括教和学两个方向。

一、评价实施依据

遵循教育评价的基本原则,以促进学生发展、发挥学生潜力和达到教育目标为根本,不仅重视评价学生的学习质量,而且重视评价学生的品德、智能和心理素质等方面;不仅重视总结性评价,而且重视形成性评价;不仅重视评价者评价,而且重视自我评价;不仅评价学生的学,而且评价教师的教、课程及教育的各个方面。面向全体学生,使学生德、智、体全面发展,主动发展。

二、评价标准设计

(一)课堂评价标准

项目	评价内容	成绩
教学目标	1. 目标设置明确,找准重点、难点,目标合理,切合实际	
	2. 学习目标达成度高,课堂效果好;学生思维进阶,学科核心素养发展明显	
教学环节	3. 符合学生的认知规律。起伏合理,高潮明显	
	4. 安排合理,脉络清晰,适于学生探究知识的衔接	
活动设计	5. 适合学生年龄特点,被学生所喜爱,易于参与,参与面大	
	6. 把活动作为发展个体的中介,创设自由探究情景,使学生在活动中得以发展,激发学生学习和创造的热情	
	7. 活动设计对解决的问题有针对性,重在帮助学生发现探究,以能引发学生的思考为主要目的	
组织	8. 充分利用空间,安排合理;适合活动开展,利于学生参与,便于学生探究	
课堂气氛	9. 学生在宽松的气氛中自主学习,态度积极,情绪饱满。课堂无死角	
	10. 师生交融和谐、自然。课堂民主、平等、合作气氛浓,学生踊跃发表意见,畅所欲言,并敢于反驳、反问,提出异议	
	11. 学生思维活跃,有所发现和创造	
教师表现	12. 不包办代替,充分调动学生的自主精神	
	13. 淡化权威,以合作和共同参与的姿态进入状态	
	14. 焕发生命活力,以良好情绪感染和影响学生,使学生满怀兴趣、激情参与活动	
	15. 充分运用自身智慧与能力,灵活把握和控制课堂进程,并能创造性地驾驭课堂	
	16. 面向全体,维护每个学生的自尊心。采取恰当方式,给予学生鼓励性评价	
	17. 仪表大方,语言简练、生动幽默、具有启发性、激励性强,善于追问,无忌语	
	18. 培养批判性思维、求异思维和创造性思维。关注学生学习态度、学习兴趣、学习方法、学习习惯、探究精神、创造精神、合作意识等	

项目	评价内容	成绩
教材处理	19.吃透教材,深挖镌刻于知识中的品质和"活动"因素	
	20.依据学习需求和教学目标,恰当处理教材,删减、补充、调整并处理妥当	
点评		

(二)好教师评价标准

(1)热爱学生,易于接近,有幽默感,有耐心,不轻易发火,宽宏大量,有灵活性。

(2)与学生接触广泛,了解其各种兴趣,能认真聆听学生讲话,尊重其人格与自尊心。

(3)讲话易懂,不讲空话、套话,不代替学生做事和说话,能公正全面地评价学生。

(4)能用灵活的教学方式组织课堂教学,作业适量、合理、科学。

(5)每堂课情绪状态好,充满激情,敢于承认自己的错误或偏差。

(6)精心设计学生喜爱的活动,爱护其探索精神,出现问题能耐心疏导。

(7)重视学生的全面发展和动手能力。经常组织学生走出课堂,接触大自然和社会。

三、评价方法探索

活动教学法评价主要采取定性评价与定量评价相结合的方法。

(一)"评语式"评价

1.评价分类

即时评语——随机性强,在教育的过程中随时抓住教育的契机,有感而发,及时满足学生发展过程中的需要,及时挖掘学生的潜能。

作业批语——针对学生书面作业中的有关情况,用文字给予分析指导或鼓励等,起到批改符号不能起到的作用。

学科评语——综观学生一学期学习的情况,进行多角度全面性分析;重视"习得知识的能力"和学习兴趣、学习习惯以及创造精神的培养。

操行评语——综观学生一学期德、智、体、美、劳等方面的表现和成绩,针对主要特点进行评价与指导,追求"牵一发而动全身"的功效。

2. 写作手法

以写实的手法、谈心的方式与学生进行心灵的沟通,达到教育的目的,引起学生良好的心理反应,具体过程为:从活动事例取材→引起体验→产生共鸣→形成认知→增强信心→改进行为。写作手法包括直白、暗示、引用、比喻、幽默、夸张、罗列、分析、对比、描绘、联想、设问、反问等,要热情赞优点,委婉指缺点;幽默说利弊,坦率谈感受;关切问困难,商讨提要求;生动绘特点,诚挚表信任;谨慎导方向,热忱鼓信心。

字里行间,要充满对学生的信任。引导学生不仅从成果中体验成功的喜悦,更要引导学生去体验在努力过程中的种种快乐,如探索中的快乐、创造本身所带来的快乐。

(二)检测性评价

对学生的学习评价,除了试卷,还可以采取形式多样的检测方法。如口语测试、对话测试、听力测试、分析测试、动手操作测试、朗读测试、阅读理解测试。综合上述,用评价为每一个学生做出定向分析,包括优势、问题和发展方向。

(三)反思性评价

引导学生以"这学期的我"为题给自己写评语,让学生增强自我认识、自我控制和自我发展的能力。教师用评语的方式评价每一个学生的自评,帮助学生客观、全面、准确、科学地认识自我,并能自我激励、自我调整、自我改进。

第 四 章

技术赋能增强课堂智慧

第一节　阅读进阶学习法

作为"打底子"的中小学教育,我们要培养学生良好的学习习惯,阅读基本功至关重要。阅读进阶学习法是通过高效记忆融入课堂、读书考级延展课外的技术操作,厚实学生阅读存量,提升学生阅读素养的有效方法。

一、高效记忆融入课堂策略

记忆是信息在人脑中留下的痕迹,这些痕迹储存在大脑中的"海马体"和"大脑皮层"两个位置。当大脑接收到来自外界的各种感官信号后,会将这些信息传递到海马体进行临时储存,形成短期记忆。然后海马体又通过神经回路,将短期记忆传递到大脑皮层,长期保存下来,形成长期记忆。在这个过程中,不是所有的短期记忆都会被储存为长期记忆的。海马体会根据信息的价值,将临时储存在海马体的信息分成"必要信息"和"非必要信息"。只有被判定为"必要"的信息才会被传送到大脑皮层中长久保存下来,成为长期记忆,反之就会被快速清理、删除。因此作为学习者来说,如何让学习信息在记忆的时效内成为"必要信息",是提升学习质量的关键,也就是我们常说的"记得快,记得牢"。

（一）实施学段

我们尝试在1～2年级实施高效记忆项目,并做了项目的具体分工和每个年级每个学期的具体安排。如下表所示的二年级一学期的高效记忆项目安排表。

周次	高效记忆实施内容
1～2	连锁记忆法——识字1、2
3～4	抓关键词背诵法——《蚕姑娘》
5～6	图表背诵法——《月亮湾》
7～8	归类记忆法

续表

周次	高效记忆实施内容
9	检测
11～12	口诀记忆法
13～14	瞬时记忆法
15～16	画面背诵法——《台湾的蝴蝶谷》
17	检测

（二）实施过程

1.研之有理——理论培训贯穿始终

第一轮培训:项目开始之前,我们组织实验老师系统学习了脑科学和高效记忆的关键理论,参加了区域组织的高效记忆项目培训,并保证每位参加区级培训的老师回校后及时做二次培训。

第二轮培训:购买脑科学和高效记忆的相关书籍,培训书籍下发后,每次教研都安排主讲人,汇报自己的学习心得。

第三轮培训:项目开始半年后,再次回味之前区里下发的培训课件和资料,每位老师结合自己的实践心得,再次对大家做培训。

2.研之有物——联系教材实际应用

高效记忆备课。先让每位老师了解何为高效记忆,再逐步掌握常规训练的步骤。按照这个目标,老师们对连锁记忆法、关键词记忆法、画面记忆法、眼脑机能训练和计时速读训练等高效阅读和记忆的方法进行了深入的学习,然后按照自己的理解,结合学生的实际进行了专项备课。

高效记忆案例。从生活化素材的角度挖掘教材,做到方法为教材服务。按照这个目标,老师们从日常生活出发,选取了一些有效的生活化素材的例子添加到高效阅读的训练中来,主要表现为第一课时出现方法,联系实际掌握方法;第二课时复习方法,联系实际夯实方法。

常规备课的“高效记忆”落实。运用高效记忆的方法高效实现原有的教学目标,加大拓展运用的力度,提高学生的语文素养。其拓展体现在两个方面,一是第二课时的拓展背诵,选择与教材相关联的内容。如在学《我想变成大大的荷叶》一课时,第二课时拓展《荷叶圆圆》;二是根据不同年级设计印制并下发了《经典诵读手册》,人手一册。包含古文、古诗、成语、特色四大类内容,同学们根据手册内容进行诵读,按照背诵的篇目获得奖励,评选"诵读小明星"。

3.研之有据——观察、检测数据分析

一是以《台湾的蝴蝶谷》为例,对高效记忆课堂进行了微格观察,分析发现。

(1)教学目标达成度高。本节课共设计了四个教学目标:认识9个生字,运用结合字形想象画面的方法识记"茂、丛",偏旁识记"源"、动作识记"撒",并当堂正确书写;能正确、流利朗读课文,通过语言渲染,情景表演的方法体会文中所用动词的准确性;运用抓关键词的方法背诵第二自然段,运用抓中心句和关键词的背诵法背诵第三自然段;凭借课文内容,想象蝴蝶谷迷人的景象,激发对祖国宝岛台湾的热爱之情。由于结合多媒体课件,恰当运用了结合字形想象画面的方法,大大提高了学生识字生字的速度和效率,通过课堂上学生们的表现特别是作业展评来看,识字写字的教学目标落实较为扎实。由于运用了抓关键词、抓中心句等高效记忆的方法结合画面想象,学生们不但十分精准地感受到了蝴蝶谷不一样的迷人景象以及蝴蝶"飞、穿、越赶"往蝴蝶谷的壮丽景观,而且迅速背过了二三自然段,这在以往的课堂上是很难实现如此大面积的大段的背诵目标的,可见,结合课文内容选择有效的记忆方法可以提高课堂的密度和效度,达致高效教学的境界。

(2)教学环节以生为本。学生整节课参与学习活动时间约31分钟,并在整个过程中表现出积极投入的状态。教师通过及时点拨、适时总结,引导理解课文,学习记忆方法,极好地体现了学生的主体性。整堂课朗读和背诵的时间约为22分钟,教师范读、集体诵读、自由诵读、"开火车"诵读、指名诵读、感受诵读、同位诵读、男女生诵读、学生表演诵读、配乐诵读不一而足,从孩子背诵的情况来看,孩子背诵的通过率为100%,说明教学环节设计有效,做到了以学定教,提升语文素养。

(3)教学策略多样有效。老师在课上运用了多种方法和策略,有效地提升了课堂实效性。生字学习方面,主要运用了联系画面识字知意的策略,通过结合花草图片的逐层变化,引导孩子理解"茂"的字义、识记"茂"的字形,孩子们还能提醒关键笔画点是只小蝴蝶,写时要注意,进而引导学生运用这种方法识记"丛",使生字学习有趣有得。诵读方面,老师主要运用了高效记忆的背诵策略,引导学生抓住关键词有感情地朗读课文,进而通过抓关键词和中心句的方式完成了对课文二三自然段的背诵。课堂的容量加大了,孩子们在课堂上通过记忆方法的学习,大大提高了诵读的速度和水平,达成了课堂的高效。背诵一下子变得简单了起来,孩子们运用学到的方法,体验着学习带来的成就和快乐。

二是高效记忆检测量化评价,通过对部分学生一对一的观察和分析,如下表所示,我们发现阅读教学中运用高效记忆法方法,拓展背诵数量,三类学生的记忆效率均有了不同程度的提高,特别是 B 类学生提高的幅度特别大,提高幅度在23%～66%之间,这在一定程度上说明高效记忆的最大受益群体是班里中等程度的学生,是实现提优扶中补差目标的有效策略。开展这一活动很好地实现了对全体学生的关注和培养。

类别	学生姓名	第一次记忆效率	第二次记忆效率
A	姜××	51 字/分	70 字/分
A	陈××	23 字/分	65 字/分
B	晁××	13.4 字/分	36.4 字/分
B	高××	10.9 字/分	33 字/分
C	杜××	10.5 字/分	16.5 字/分
C	刘××	9.67 字/分	12.67 字/分

(三)效果循证

1.教学中提供明确的背诵方法,会有记忆提高的收效

在开展高效记忆项目的实践过程中,我们逐步摸索出一条适合本校特色的高效记忆训练模式。低年级高效记忆的一般模式为:第一课时主要通过联系课文内容,学习高效记忆方法,通过反复诵读重点段落,掌握这一方法;第二课时则将学得的方法进行拓展应用,既有运用方法背诵课文中其他段落,也有补充与课文内容相关联材料进行拓展背诵。从而真正将高效记忆的方法学扎实、用灵活。

例如在教学《母亲的恩情》一课时,第一课时对于文包诗《游子吟》的背诵,是在联系课文理解了诗歌的意思后,指导学生学习抓领头字背诵法,抓住"慈母——,游子——。临行——,意恐——。谁言——,报得——!"这些字头,帮助学生短时间内背诵古诗。总结出背诵古诗的一般方法,先理解古诗意思,再借用抓领头字背诵的方法记忆。第二课时中,先复习了记忆方法,然后补充拓展诗文《墨萱图》,引导学生自己运用学得的方法抓领头字,在理解诗意的基础上当堂背诵。在拓展应用的同时引导学生懂得如何运用方法帮助提高记忆效率。

2.教学中实施结构化的"方法指导",会有事半功倍的收效

高效记忆不仅仅是让孩子按照背诵方法去记忆,也要让孩子知道怎样去运用这些方法举一反三。例如：低年级较为常用的抓关键词背诵法，不光要引导孩子学会这种背诵方法，也要引导孩子试着学习怎么抓关键词，如《台湾的蝴蝶谷》一课，可引导孩子结合已经学习的《木兰从军》中找动词的方式抓关键词，找到本课表示动作的词"飞过、穿过、越过、赶到"，从而进行高效记忆。学生们学会了这样的记忆方法，就能够在其他材料的背诵中运用上这些好方法。高效记忆测试中，快速背过的学生大多都在自己的测试卷上圈画出了美文中的关键词，提高了诵读速度，诵读的正确率也基本能保持 90% 以上。

3. 结合语言文字运用巩固记忆成果，会有一举多得的收效

高效记忆不光可以辅助课堂，提高课堂效率，在短时间内积累语言，同时也可以进行一定仿说和仿写的语言运用训练。孩子们在对课文的段落、句子进行记忆的同时，也是在积累语言，背诵不应该是高效记忆的终点，学以致用才是实现高效记忆的最终落脚点。所以，我们在实践中，不仅利用这些记忆方法引导学生积累语言，也通过一些仿说、仿写将阅读、记忆和练笔一线贯穿。例如《真想变成大大的荷叶》一课，在孩子们学习借用相似句式背诵了课文 2～4 小节后，通过朗读中感受和想象到的，接着进行仿说练习。孩子们的思维没有局限在小小的书本中，而是发散了出去，将积累和运用很好地融合在一起。

4. 尊重学生的情绪体验梯度推进，会有全面提升的收效

前期进行高效记忆测试中，针对全班大面积的测试，所用时间和诵读速度均为学生自己记录，尤其对于低年级学生来说，得出的数据并不完全精确。于是我们调整了检查的策略，从各班重点选取 2 人，作为持续地记录观察对象，这 6 人的检查由老师进行，其他学生的记忆达成情况通过生生互查进行，这是高效记忆测试的第一阶段。对测查题目的设计，前期应用发现，一开始测查数量、种类数量较大，大部分学生达成情况不理想，因此我们从测试的类型上进行了调整，从多项测试改为专项测试，使学生的记忆水平呈现一定梯度的进步趋势。

5. 记忆策略赋能阅读教学，会有相得益彰的收效

高效记忆的开展离不开语文教学。当单独为达成高效记忆而进行此类训练时，老师们总感觉语文课被挤占了。在一遍遍实践和一次次交流讨论中，我们得出结论，让高效记忆训练成为课堂教学的辅助，为达成课堂教学目标提速。如，集中注意力训练可以放在上课前，作为语文课的暖场活动，用这样的训练来提高学生学习的注

意力，以便更好更快地融入到课堂活动中；也可以通过词语闪读的方式，培养学生的瞬时记忆能力，这些训练对学生的习惯养成教育有很大的帮助。而其他高效记忆方法的学习，是在对文本朗读的基础上，总结归纳得出的，将课文中需要背诵的篇目进行高效记忆方法的梳理，尽量使孩子们在课堂上运用这些记忆方法当堂背诵重点段落。通过实践我们发现，这样的做法不仅没有挤占语文课的时间，反而大大提高了课堂容量，提升了课堂实效性。例如，老师在执教《台湾的蝴蝶谷》一课的第一遍试讲中，没有渗透高效记忆的方法，通过观测量表能很清楚地发现，班上学生背诵课文的第三自然段，通过率只为72.5%，不熟练占近1/4；而在第二次试讲中融入高效记忆方法，学生们不仅背诵了课文的第三自然段，还背过了第二自然段，课后测试发现通过率达到100%，只有6个孩子背得不熟练。在数据面前，我们深刻认识到，高效记忆对语文课堂的推动作用，在同样的时间里，达成了更多的教学目标。

6.谨守评价标准，谨防操作误区

通过对检测数据的分析，我们发现高效记忆训练是一个螺旋式上升的过程，学生会有记忆效率反复的情况出现，要允许学生有一个充分消化、吸收的过程。每次检测要注意评价标准：记忆的效率 = 记忆速度 × 记忆正确率，不能单纯看记忆速度或者记忆的正确率，提醒学生不能盲目图快导致记忆正确率下降。

二、读书考级阅读策略

读书的价值和意义无须言表。我们探索实践了"读书考级法"提升阅读兴趣，培养阅读习惯。读书考级，顾名思义就是借鉴考级的方法对学生读书的质和量给予一个评价。其中阅读书目的价值、评价方式的灵活度都直接影响学生的读书质量和参与热情，对于考级活动的深入持续开展都有着直接影响。

（一）书目选择：亲近经典，回归趣味

教育具有多元性，除了知识性学习和实用性学习，还有属于性情的、美感的、永恒性的学习。读书，就要让学生从小接触经典，培养中国文化的"童子功"，在孩子们纯净空旷的心灵中激发他们一生的文化向往。所以我们在"读书考级"小册子中确定了必读书目：中国传统名篇；中外著名童话、小说、诗歌、散文；低段以绘本、童话、诗歌为主；中段以国际大奖小说童话为主，高段涉猎历史经典名篇。

"一千个读者心中有一千个哈姆雷特。"读书是很个性化的事情，对阅读书目的喜好是因人而异的。为保护每一个学生的阅读需求，尊重他们的阅读喜好，我们在

读书书目中还确定了选读书目,原则上是只要自己喜欢的书都可以读,但老师也会尽可能多地推荐,以期有目的地影响学生的阅读选择。

(二)读书推进:营建氛围,方法为重

确定了阅读书目,但学生读图的兴趣远大于读书。我们认为主要原因是还没有养成良好的阅读习惯,没有形成良好的阅读技能。

习惯要在良好的氛围中潜移默化形成。教师是构成读书氛围的重要一环。"欲求教书好,先做读书人。"属于教师的读书活动丰富多彩,如好书推荐、读书沙龙、读书网评、作家见面会,老师们爱上了读书,在他们的榜样作用下,学生们也会对书有一种特殊的感情。

为孩子们营造"书香满校园"的视觉空间。我们将读书活动与校园文化建设紧密结合,让每一面墙壁说话,文化长廊、班级墙报开设图书推荐栏目;开设读书小擂台,让每一个孩子都有机会当小作者、小观众;创设"图书魔方",让读书成为一种游戏,享受无目的阅读的快乐。

为孩子们营建"书香满校园"的互动空间。每年级组有月主题读书活动,"诗歌""校园文学""名家名篇";学校每学期举办"读书节",读说画演考。班级中开设图书漂流岛、图书跳蚤市场,让孩子们手中的书"动"起来。同时教师利用校图书馆,结合阅读训练技能要求和学生阅读实际,根据难易程度将图书分为1~5级,放入班级图书角,方便学生随时阅读。

能力不是教出来的,而是练出来的。在这个理念下,我们每周增开了一节阅读指导课。以技能训练为基本方法,以大量阅读为基本条件,以目标达成为根本指向。我们逐步探索出了阅读指导课的基本框架:根据课标提出月阅读训练技能,具体每一技能的阅读方法,确立每一方法的同学榜样,不同书目的心得方法共享。

(三)读书评价:多项选择,自主自助

受制于年龄、经验、个体发展,在儿童时期,阅读还是以积累和感悟为主,并不断找到适合自己的阅读方法。我们不主张硬性量化学生阅读的质与量,这就要求评价方式要多元,满足不同儿童的发展需求,只要自己与自己比进步,每天进步一点点,我们的读书评价就达到了目的。另外,引导孩子成为评价主体,对于自主读书、合作学习的形成都会有很大帮助。

每年级我们确立了十级,每一级有不同的阅读标准,底线宽松,进口通畅,让每

个孩子都乐于读书,乐于考级,享受成功。六级必须完成本学年必读书目的阅读;通过六级方可转入高一年级的考级;最先通过六级的前十人可作为考级评委,但滚动管理,评委永远选取级数最高的前十人;参与亲子共读的家长可申请加入考级委员会;八级以上授予读书称号,期末颁奖,可以加入各年级文学社……为不同学生确立努力方向,激发前进动力。

在评价中我们确立了多种方式,学生可以自主选择。"读书卡考级":在读完一本书之后,可向老师索要读书考级卡,该卡中包含书名、作者、内容简介、读书心得等。"读书闯关考级":学生阅读完相应书目,可在规定时间内参加考级。由教师和学生考官组成的考级委员会,对作者、内容、心得等方面进行检测。"读书笔记考级":每本书要完成摘抄、心得两部分。"讲故事考级":参加考试时可以采用讲述本书故事的形式,但不得少于 10 分钟。"话剧考级":阅读共同书目的同学可以用话剧的形式考级。"演讲考级":可就读书心得形成观点,采用演讲的形式考级。"辩论赛考级":可就书中的观点形成正反两方,在老师的组织下进行辩论,根据对书目内容的理解和个人观点、表达、论述的质量评价考级是否通过。"网络考级":可以通过微机答题的形式进行考级,限于必读书目。"亲子考级":可以和父母共同读书,采用网络答题或者读书笔记、家庭讨论录音等形式考级。"直播考级":以读书直播为主要内容,以网评为主要考级方式。创立班级直播号,以期最大限度开发读者群,保持学生的兴趣持久度。"文集考级":鼓励学生个人出自己的文集。"绘画考级":鼓励学生用单图或连环画的形式画出自己对读书内容的理解。"个性展示考级":运用多元智能理论,智能是多方面的,特点是因人而异的,鼓励学生用自己喜欢、更能展示自己特长的方式考级。

总之,适合的就是最好的,用方法和技术赋能阅读,真正让学生感受"好读书,读好书,读书好"的魅力,提升学生的阅读素养,滋润心灵,开启心智,厚积薄发。

第二节　优质提问循证法

爱因斯坦曾说,发现一个问题比解决一个问题更重要。通过随堂听课和备课检查,我们发现,教师在课堂中缺乏问的智慧,表现为课堂上问得碎、牵得紧,问题缺乏思维价值,流于形式。教师过于注重教学的设计,忽视了学生回答的质量,学生在课堂上发展变化不明显。为此,学校融科研教研于一体,成立项目组,聚焦优质提问的

"三环六度",提升课堂"思维悦动"的指数,努力实现思维时空的可视化延展,走向深度学习。

一、问题驱动,确立观测量表

课堂提问是否营造了良好的课堂氛围?是否让所有学生都参与其中?是否有利于学生思维的发展?是否促进了学生表达能力的提高?是否实现了师生良好的互动?是否有利于教学目标的达成?我们带着对这些问题的思索确立了《课堂优质提问"三环六度"观测量表》。

一是从教师提问环节入手,通过观察提问的指向度、层次度、创新度,评价教师问题设置的价值程度,研究教师提问的水平、种类和数量,形成激发学生悦动思考的有效问题体系。

二是从学生回答环节入手,通过观察学生回答的参与度,评价学生回答问题的水平程度,研究回答设置的时间、形式与内容,提升学生的言语实践和思维表达水平。

三是从教师理答环节入手,通过观察教师的指导度,评价教师理答设置的丰富程度,研究教师理答的评价、补充、引导、追问策略,提升教师提问的发现力、建构力、解决力、反思力。

最后考量整节课的问题推进程度,评价教师提问的目标达成度。"三环六度"又细化为 17 个指标,让课堂样态清晰可视。

二、关键学习,共享问题智慧

研究是一个问题不断生成和解决的过程,研究中的学习至关重要。学校充分发挥每周一学科教研、每周四校本培训、区域学科教研及各类培训的时机,开展基于优质提问的各级各类学习,补充关键知识。通过名师工作室,发挥学科能手的示范引领作用;通过优质提问团队的交流会,激发教师寻找关于优质提问的优秀资料和教育书籍,共享书本和网络中的教育智慧,为需而培,因需而学。

知识是一粒思想的种子、智慧的种子、美德的种子。提问是让种子萌芽、生长的关键环境。学校对提问的研究基于深度学习的理论建构,从知识内在构成的符号表征、逻辑形式和意义系统出发,通过提问实现学生对学习过程的深度参与和认知上的逐层深化。

三、实践突破,创建问题体系

学校以课例为载体,通过三备(自备—集备—修备)三上三评(上完即评,改完再上再评),引导教师关注提问的四个阶段(引入—陈述—介入—评价),提升提问的四个技巧(转移—启发—追问—等待),基于优质提问的课堂观察是其中的关键环节。

(一)规范课堂观察流程,确保项目式教研的科学性

(1)召开课前会议,由授课教师介绍本节课的课堂提问预设及设计意图,项目组全体成员认真记录,以备课堂观察时进行参考和比较。学科干部全面培训观察点分表和总表的使用方法,并做出分工。

(2)展开课堂观察。课上,项目组全体成员领取课堂提问有效性的观察点相关量表。项目组教师根据分工详细记录授课教师的提问环节并做出初步的分析和判断。课下,项目组教师根据课堂录像补充完善之前的课堂观察量表并做出统计归纳。

(3)召开课后会议。项目组教师根据分工汇报课堂观察的量化统计,并根据统计情况发表个人小结和观察反思。执教教师根据大家的分析讨论修改完善之前的教学设计,准备第二次执教。

(4)进行观察点的总结和综合分析评价。利用各个观察点的量化统计情况,由观察组长将各观察点的统计结果和观察小结进行综合,全面考量优质提问"三环六度"的达成情况。

(二)聚焦提问"三环六度",确保项目式教研的深度性

经过课堂观察和微格分析,各项目组在深度共研中不断精准提问的策略,有了深刻的共鸣。一是在教师提问的环节,以数学学科为例,在量表的辅助下,教师提问的指向度逐渐清晰,问题的设置从偏识记逐渐转向偏理解和应用,问题隐含的创新度在不断增强。二是在教师理答和学生回答的环节,以英语学科为例,在量表的辅助下,教师由单纯的表扬欣赏转向大量的思路引导和追问生成,和学生一起经历了不断修正完善问题答案的过程,言语表达水平和思维水平得到了"看得见"的发展。三是教师依据教学目标,在问题的设计上凸显核心问题,提问的频次在逐一减少,形成了有价值的问题体系,目标达成度越来越高。如:"识字写字环节"基于学生学情,鼓励学生自主识字、猜字、互相评价,以学生为主导,在老师的鼓励指引下形成识字能力;"品读文本环节"聚焦核心问题,依据学生的交流情况设置追问,鼓励学生合作、探究、交流,提高阅读能力;"表达创作环节"让学生将课堂习得的写法尝试运

用,续写文本,进一步拓展了能力。

四、评估进阶,赢在问题研究

(一)建构层层深入的问题链

通过对教师提问的研究,我们发现一个有价值的问题链建构和生成了整个课堂,学生学习的深度与教师问题设计的深度成正比。

(1)证据显示,这个问题的链条,往往有1~2个核心性问题、6~7个关键性问题和若干个追问组成。教师依据教学目标,在问题的设计上凸显核心问题,提问的频次在逐一减少,形成了有价值的问题体系,目标达成度越来越高。

(2)证据还显示,在量表的辅助下,教师提问的指向度逐渐清晰,问题的设置从偏识记逐渐转向偏理解和应用,问题隐含的创新度在不断增强。VR课堂就是用富有3D效果的学习单建构了这样一个层层深入的问题链。

(二)建构自主解决问题的交互场

证据显示,学生回答形式的多样和回答人数的多少是测量参与度的重要指标,碰撞越充分,学习越深度。我们崇尚在技术支持下构建起以合作对话为主要方式的开放、多样、动态的问题场。VR课堂就是用主副镜配合操作的学习形态提供了一个极强的交互式学习环境,给了学生充分验证、思考、交流的时间,学习小组的成员们很容易就聚合在电脑前尝试、操作……既有尊重伙伴思维的认真倾听,也有努力解决问题的小声讨论,更有为突破一道道学习任务的共同雀跃……让课堂成为一个主动愉悦的学习场,学知润"品"、转知成"智"。

(三)提升教师追问的层次和水平

在教师理答的环节,我们发现在量表的辅助下,教师由单纯的表扬欣赏转向大量的思路引导和追问生成,和学生一起经历了不断修正完善问题答案的过程,言语表达水平和思维水平得到了"看得见"的发展。而信息技术辅助追问,很好地突破教学的重点和难点,实现了对知识的深度沉浸。如VR/AR技术的运用,使得教学宏观上有了身临其境的感觉,微观上能放大和缩小,操作上能分解和观察,让学生在不断的尝试中感悟,不断的探索中发现,不断的实践中思考,提升学习的深度。

可见,循证式优质提问研究探索技术向度和人文向度的最佳融合点,把握深度学习的启发点,在精心设问中激发学生的求知欲;把握深度学习的逻辑线,在优化问题链中提升理答度,才能建构基于理解的、体验的、思考的学习场,在"层进"和"沉浸"中提升课堂教育智慧,走向深度学习。

第三节　居家悦学行动法

曾有段时间,全国各地大中小学都启动了线上学习。我们也以情绪引导为前提,以问题化学习为导向,以自主力培养为核心,启动"居家悦学"素养培育行动。结合学校教育特色,研制云课程个性化定制单,分悦读、悦数、悦E、悦音、悦美、悦体、悦心和悦修八大课程板块,五育并举,全程育人。

一、探索专属计划表,让科学作息悦乐家庭

(一)"6+1"弹性设置,让居家学习健康充实

学校经过多次调研,结合上级要求,推出了《居家悦学专属计划表(建议)》,星期一到星期五8:00—15:30,每天六个课程版块加一次自主安排,每周一小结。每个课程版块40分钟,中间穿插15分钟的望远休息、35分钟的大课间活动、105分钟的午餐休息。专属计划表充分考虑年龄差异,各年级弹性设置;充分考虑学生视力,每次视频播放不超过15分钟,每天线上学习不超过1小时;充分考虑家庭差异,倡导家长和学生据此制定更适合自己的个性化安排,让居家学习和生活更充实、更健康。

(二)"123"流程管理,让居家学习心中有数

为了让学校的每个孩子都享受到居家悦学的专属服务,学校实施"123"管理流程。一深入,深入每个教师,全程指导课程编制;深入每个家庭,送上居家学习指导。二包干,课程包干、班级包干、技术包干,随时答疑解惑。三及时,及时领会文件精神,不断优化居家悦学方式,自主选择、科学高效;及时将各类课程资源提前上传云空间,方便学生和家长提前下载;及时汇总《居家悦学大事记》,设置每日提醒,让孩子们、家长们提前对这次居家学习心中有数。

二、开发专属课程包,让生命教育悦享始终

居家期间,社会就是最好的教科书。伴随着这份专属计划表一起的,还有居家悦学专属课程资源包。

(一)富有学科特质的生命课程

悦体提倡每天体育锻炼,悦心关注心理健康,悦艺鼓励练习艺术,悦修侧重生命教育、公共安全、劳动教育、爱国教育,学习卫生防护知识,关爱最美逆行者,弘扬社

会美德。悦读、悦数、悦 E 则在鼓励学生阅读纸质书籍、练习美观书写、温故而知新的同时分别开发了与学科素养密切的生命教育课程。《解"疫"阅读》,把疫情素材改编为具有阅读训练点的科普小品文、时闻故事篇;《提笔战"疫"》,让"一封感谢信、一份说明书、一封倡议书"成为书写抗疫之情的最好载体;《生命"E"绘本》,推出了以"疫情防护""朋友互助""为祖国祝福"为主题的英语系列。《健康数据统计分析》,则让学生变成了"健康小专家",在提升学科素养的同时让敬畏自然、珍爱生命、直面人性、涵养人格成为成长的必修课,让家国情怀、独立思考成为学生灵魂的一部分。

（二）富有温情智慧的友情提示

为了让这些课程资源更优质,党员教师率先开展网课录制探索,学科名师陆续推出《假期学习攻略》《健康心理手册》,帮助学生积极调整自我状态。各课程版块教师精心挑选各级优质资源,精准编制各类专属任务单,还以给孩子们一封信的方式制作了每个课程版块的友情提示,让居家学习更接地气。

三、探索专属教学法,让居家学习悦动高效

学校积极探索线上教学规范,让居家学习悦动高效,以体育学科为例。

（一）教学目标与设计思路

（1）探索悦体居家课程。结合线下体育课程做云上智慧化组合。主要分三个板块,一是上午 20 分钟"云直播",落实市南区教育中心下发的任务单。二是下午体能"云挑战",结合任务单和国家体质检测标准,每天进行不少于 30 分钟的体能挑战赛。三是上午、下午体育大课间,每天开展不少于 1 小时的体适能和绳操活动。

（2）探索流程合理、操作规范、居家乐学的悦体"云上直播课",充分发挥减负、提质、增效主阵地的学校智慧,以有质量的线上教学降低家长焦虑,回应社会关切。

（3）培养学生热爱运动、自觉运动、科学运动的健康好习惯,落实立德树人的育人总目标。

（二）实施策略

1.建构虚拟教研室,做强集备主阵地

适合的就是最好的。学校建设"智能时代下体育与健康教学研究虚拟教研室",坚持每星期三下午"云"中相会,实施"四问式"智慧教研。

教研内容	教研目标
1.问：上周线上教学遇到什么问题？怎样解决最合适？	集思广益找对策，随时解决问题。
2.问：本周要学习哪些内容？怎样安排最合适？	根据教育中心的任务单拟订周课时计划，确定各年级教学内容。
3.问：每课时教学目标和重难点是什么？可转化为哪几个学习问题？组织学生怎样学习最合适？	基于"三位一体"聚焦核心问题，建构问题化学习系统。
4.问：需要准备哪些教与学的资源？组内怎样分工最合适？	合作录制每周运动技能动作示范微课，上传云空间供学生随时下载学习。

　　"四问式"教研充分调动了每个教师的主体性，能聚焦问题，畅谈个人见解与做法；激发了每个教师的主动性，能聚焦任务单结合本人、本班和本学习点实际，充分讨论、交流、补充、完善；发挥了每个教师的主导性，变学科学习为问题解决，实现了资源共享。教师提前录制技能学练视频，在打磨中呈现给学生几近完美的运动示范，激发学生们学习热情的同时也极大地提升了教师的教学示范能力。

　　2.拧紧"健康"总开关，规范直播三流程

　　学校落实"直播平台—线上课表—家长沟通—学习资料—课后服务"五环节，充分发挥人工智能技术优势，探索规范科学且为学生喜欢的居家教学流程。

　　（1）集备统筹，适时"两预告"。

　　一师一预告。体育教师与班主任建立沟通群，分享课表，提前告知每天运动计划及体育教师到班指导时间。争取每天轮流巡视指导一个班的大课间活动。

　　一课一预告。课前由体育教师将任务单发到班级群中，并预告上课内容及所需器材，指导学生做好防疫自护，建立自己的"一平方米"健身房。

　　（2）课堂直播，关注"345"。

　　偶遇卡顿，送你"三妙招"。体育教师提前培训学生使用好视频链接，指导学生直播时若遇卡顿及时"重、回、看"。退出"重"新进入，并调整网络；课程结束后"回"到群课堂看回放；课后到班级"品·智悦体"文件夹内查"看"任务单及教师示范视频，自主学习。

　　精讲多练，控课"四原则"。按照开课点题—熟练操作—互动连线—及时答疑四原则组织教学，珍惜每节体育课的 20 分钟。录播视频切实体现知识点的传授，确保学生会练、能评。

实时互动,运用"五策略"。为增加学生的体验感和积极性,体育课上采用播放视频、教师领做、学生展示、纠正指导、课下答疑等多种教与学的策略,让学生乐于参加、勤于练习、敢于展示,在自评和互评中与老师一起交流互动,分享心得。

（3）以体育人,培养"六习惯"。

习惯自觉锻炼。教师下课前布置好每天的锻炼"作业",指导学生做好运动规划,每天自主运动总量不少于1小时。

习惯运动分享。通过评价,激励有条件的学生记录自己的"运动瞬间",并给予在下次课堂展示分享的机会,使学生乐学会学。

习惯运动准备。引导学生课前保证运动服、运动鞋、运动空间、运动器械准备充分,不要穿睡衣,不能穿拖鞋。

习惯运动整理。指导学生课后及时清洁、整理、收纳好自己的运动器械。

习惯运动环境。引导学生室内锻炼要注意开窗通风;室外则需做好卫生管理,寻找空旷、安全且网络流畅的空间练习,运动前后要对器械及周围环境进行有效消毒。

习惯文明运动。指导学生居家上体育课时注意穿轻、软且无"噪声"的运动鞋,室内锻炼可选择"垫子上的运动"和"床上的体能",尽量不影响邻居。

3.打造云上"素养场",乐享挑战不停训

"让学生动起来"是学生体能提升的关键。为此,体育教师遵循"课堂练习为基础,课下练习为拓展"的原则,鼓励学生们走出家门,到空旷的场地上巩固当天所学、所练。同时,根据体质监测项目和学生的年龄特点,联合班主任在智慧平台上推出了仰卧起坐、一分钟跳绳排名赛、高抬腿摸桩积分赛等体能挑战项目,以中等偏下的锻炼强度为主要阈值,确定练习组数、间歇时间和练习个数。

一是作业形式多样,调动运动兴趣。

（1）定锻炼内容。比如一年级家庭体育作业,结合国家体质测试选了三个项目,结合学生身心特点选了切水果、滑雪大冒险、打雪仗、大鱼吃小鱼等游戏,锻炼学生心肺能力和身体协调性。

（2）定锻炼时长。我们在智慧平台上设置的体育作业一般每次在十分钟左右,热身准备时间安排两分钟,核心练习七分钟,最后一分钟是拉伸练习。

（3）定锻炼强度。准备活动安排了低强度练习,例如武术操、啦啦操,既能快速热身又不会感觉不适应。核心练习部分安排大强度练习,例如一分钟跳绳。拉伸放松部分安排 AR 游戏,让学生心率呈现中间高两边低的状态,运动后尽快恢复。

二是评价标准多元,激发运动热情。

(1)智慧平台会根据学生的动作判断出 S、A、B、C、D 等五个等级,更有标准动作示范可让学生反复观察学习,同时还有易错点提示,精准掌握运动技能。

(2)体能挑战赛以评价锻炼习惯为主、技术动作为辅,以激励性评价为主、结果性评价为辅,及时表扬和反馈积极性高的学生,评选每周体育之星。连续三周获评体育之星,复学后可免测部分项目。学校在居家学习期间,分别组织了云上亲子赛、班级挑战赛、小组团队赛等。各运动社团也在体育教师的组织下停训不停练,重在巩固技能要点,保持身体素质,为复训打好基础。如游泳社团"居家训"以柔韧度、核心力量、上下肢力量、路上模仿练习为主,学生们热情高涨,排行榜上你追我赶,形成了一个别开生面的云上体育"素养场"。

(3)体育教师通过这些智能融合性数据能够准确获取学情,搭建体育教学支架,增强对学习主体的"关照"能力,让知识和资源能够准确"投递"到个体。

(三)创新点

(1)居家悦学行动综合考量学生视力和体质健康,合理调整各板块学习时间和内容。以规范的"云直播"切近技能学练,乐享云课堂;以增加点对点"云评价"频率切近体能提升,乐享云挑战。以全程的"云指导"切近时间管理,培养运动自觉和运动激情。

(2)居家悦学行动搭建虚拟教研室,充分发挥教师共研、共建、共享教学资源的优势,建构更加优质的"云"教育生态,实现师生学科核心素养的共赢、共升。

(四)实施效果

(1)为及时掌握学生复课后体质水平,检验悦体课程实施效果,学校制订了《春季复课体育随堂检测方案》。各年级以"2+×"形式分别拟定检测项目。"2"为必检项目(跳绳 + 武术);"×"为选检项目(各年级统一制定)。检测发现,学校学生的体质健康水平和线上学习前基本持平,与 2020 年复课后测试数据相比,均有了大幅提升。

(2)此次居家学习,学校还组织了家庭组团锻炼,记录单显示,90%的家庭都在培养运动习惯、发展运动专长上下功夫,"运动"作为健康家庭的代名词,彰显了悦体课程的价值。

(3)学校开展悦体课程的探索,先后被当地公众号采用;先后被电视台和各大媒体报道;高质量的线上教学赢得了全体学生和家长的满意。

四、实施专属化评价,让自主成长悦然线上

居家学习,每一个家庭都是一所学校,"云"端的每个成员都可以成为彼此的榜样、彼此的评价者、激励者。为此,我们推出了《品行培养成长季》手册,引导每个班级、每个家庭从爱党爱国、勤奋好学、文明有礼、自理自立、孝敬父母、尊敬师长、诚实守信、友善互助、心理健康、防灾自护、勤劳节俭、爱护环境十二个方面开展个性化评价,通过每天与父母的交流,收获家长的积极反馈;通过自我评价,增强自主、自立、自律的内驱力;通过与小伙伴的合作互助,收获同学的支持监督;通过每天在班级学习空间上传学习成果、参与答疑解惑,收获老师的及时指导;通过积极参与学校、班级组织的抗疫活动,让爱与情"云"中凝聚,自主成长悦然线上!

第四节 "品·智"悦动教学法

在教育数字化转型、高质量发展成为当代教育发展目标的今天,我们将学校"品·智"教育文化与数字化、网络化、智能化技术相融合,构建与实践了数字化转型背景下"品·智"悦动教学法,凝聚学科育人的学校智慧,培育新时代人才。

一、发展背景

数字经济和数字社会的发展,推动教育培养目标和内容的发展与变革。历经教育信息化 1.0 和 2.0 建设,我国数字技术与教育历经起步、应用、融合、创新四个阶段,进入"整体性转变、全方位赋能、革命性重塑"时期。

(一)教育数字化转型战略的职责所在

教育部 2022 年工作要点明确指出:"实施教育数字化战略行动。强化需求牵引,深化融合、创新赋能、应用驱动,积极发展'互联网 + 教育',加快推进教育数字转型和智能升级。"要牢牢把握"方法重于技术、组织制度创新重于技术创新"的工作理念,按照"应用为主、服务至上、示范引领、安全运行"的工作要求和思路,一体化推进建设与应用。

(二)智慧教育标杆城市的建设刚需

2016—2018 年,青岛以国际教育信息化大会为契机,实施《青岛市教育信息化 2.0 行动计划》,以健全教育信息化可持续发展机制,打造现代化、信息化育人环境。

2020 年印发《青岛市人工智能教育实施意见》，对学校提出智慧环境创设、智慧课堂打造、智慧教师培养等人工智能教育发展刚需。

（三）智慧教学新秩序的学校发展吁求

教育数字化转型背景下，学校发展亟待更加公平和更高质量的教育，解决面临的如下困境。

（1）由于学情把握不够、教师理解不足、现有教学资源与学生个性化学习需求匹配度不高，难以实现对全体学生的个性化指导和大规模因材施教，难以及时发现和满足学生在学习过程中的个性化需求。

（2）由于学习方式给学生带来的体验感不强，学习参与度不够，难以让学生形成真正有意义的认知，深度不够、层次不强。课堂缺乏有效的合作和互动，思维的审辨性和独创性不足。

（3）由于信息技术与学科融合的深度不够，使得技术创新在实践教学过程中效果乏力，生活中的智慧化终端没有在教学中得到很好的应用。

（4）由于课程空间局限在实体教室，与真实世界的连接不够，虚拟与现实没有有效的融通，难以满足新时代学生"素养"培育的需求。

二、内涵解析

（一）关键词释义

"学校"之本，在于责任之大，学术之大，精神之大。"学校"之韵，在于师生"所知所觉之品，所思所行之智"。"品"从目标上取其品性、品德、品质之意，历经品析、品悟、品味三个动态发展过程。"智"即通过"智能"手段和师生"心智"的协同发展，追求在技术赋能下产生的智慧增强效应。"悦"，乐也，喜也；"动"，作也，起也。"悦动"相连，指活跃化的学习状态，既有情感的内在起伏，亦有外在的言行表现。"'品·智'悦动"，即指从"品"育与"智"育的和谐统一入手，通过一系列的教学活动使学生的身心动起来，言行动起来，思维动起来，情感动起来，将传承知识、培育能力、涵养品性、助长生命的理念落实到一日一日的教学中。

（二）方法结构释义

数字化转型背景下"品·智"悦动教学法以"'品·智'互动　愉悦人人"为目标，以"启思悦纳→品析·互动·悦享→拓智悦心"三段进阶为基点，以技术关联并优化学科核心素养的达成。以多元一体化技术输出为背景，以数据诊断反馈与共享为保障,搭建虚拟与现实并联的"教室"平台,展开线上与线下的交互式学习,建构情境资源层、互动学习层、个性化评价层三个具有内在关联的学习层次,创设具有教育性、创造性、实践性、操作性的学生主体活动,鼓励学生主动参与、主动探索、主动思考、主动实践,实现学生学科核心素养的综合发展。

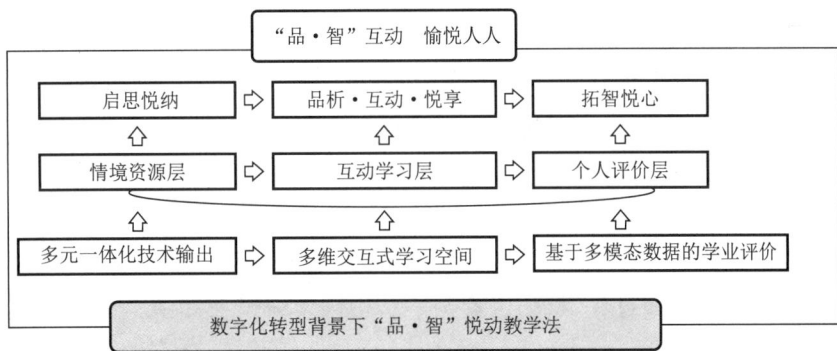

数字化转型背景下"品·智"悦动教学法图示说明

(三)理论内涵释义

1. 情感和认知的相互作用原理

情绪心理学研究表明,个体的情感对认知活动至少有动力、强化、调节三方面的功能。健康的、积极的情感对认知活动起积极的发动和促进作用,中等强度的、愉快的情绪有利于智力操作的组织和进行。数字化转型背景下小学"品·智"悦动教学法通过多元一体化技术输出,在教学过程中引起学生正向的情感体验,促进学生心理活动的展开和深入进行。

脑科学研究表明,人的大脑功能,左右两半球既有分工又有合作,该教学法往往是让学生先感受而后表达,或边感受边促使内部语言的积极活动。感受时,掌管形象思维的大脑右半球兴奋;表达时,掌管抽象思维的大脑左半球兴奋。两半球交替兴奋、抑制或同时兴奋、协同工作,大大挖掘了大脑的潜在能量。

2. 认识的直观原理

从方法论看,该教学法沿用反映论原理。世界是通过形象进入儿童意识的,意识是客观存在的反映。该教学法所创设的情境,是人为有意识创设的、优化了的,有利于儿童发展的外界环境,不仅影响儿童的认知,而且促使儿童的情感参与,从而引起儿童本身的自我运动。

《大教学论》指出:"一切知识都是从感官开始的。"即直观可以使抽象的知识具体化、形象化,有助于学生感性知识的形成。该教学法使学生身临其境,一则使学生从形象的感知达到抽象的理性的顿悟,二则激发学生的学习情绪和学习兴趣,使学习活动成为学生主动的、自觉的活动。

3. 思维科学的相似原理

相似原理反映了事物之间的同一性,是普遍性原理,也是该教学法的理论基础。该教学法要在教学过程中收入或创设许多生动的场景,也就是为学生提供了更多的感知对象,使学生大脑中的相似块增加,有助于学生灵感的产生,也培养了学生相似性思维的能力。

4. 智力与非智力因素统一的原理

教学作为一种认知过程,智力因素与非智力因素统一在其中。这种特定情境中的人际交往,由师生双边活动构成,产生了两条交织在一起的信息交流回路:知识信息交流回路和情感信息交流回路。二者相互影响,彼此依存,从不同的侧面共同作用于教学过程。只有当两条回路都畅通无阻时,教学才能取得理想的效果。

三、结构组成

(一)教学目标

1. 优化教学环境,让学习更生动

数字化转型背景下"品·智"悦动教学法凸显技术赋能,通过数字化、智能化终端设备,应用各类技术软件,营造生动的学习场景和针对不同内容的学习体验,增强线上与线下混融教学过程的互动性,从而为师生提供更为优质的教学体验,搭建起一个多重运行的信息化"教室",充分调动学生眼看、耳听、脑想、手做之间的协作,学习过程从被动变主动再到生动。

2. 优化教学设计,让学习更高效

数字化转型背景下"品·智"悦动教学法崇尚理解、创造与实践,鼓励学生把自己学到的知识和能力运用到社会生活中,解决真实存在的问题。关注元认知思维模型下学生自适应学习的三个阶段,通过基于学科教材的大单元项目式切分,精心设置问题,把握课堂提问的启发点,激发求知欲;通过基于创新能力培养的"三环六度"优质提问,架构有效的问题化学习链,解决教学中难以理解的知识,提升记忆的速度和广度,促进知识的高效建构。

3.优化教学方式,让学习更愉悦

数字化转型背景下"品·智"悦动教学法通过数字化媒介实施沉浸式教学,借助全面的感官刺激、可视化人机交互体验,激发学生的存在感、直觉和专注度,使学生形成良好的求知心理,主动参与对所学知识的探索发现和认知过程,体验学习的乐趣。

(二)教学思想

1.互动学习思想

教学活动是师生在进行一种生命与生命的交往、沟通,教学过程是一个动态发展着的教与学统一的交互影响和交互活动过程。在这个过程中,技术赋能并优化"教学互动"的场景与方式,形成和谐的师生互动、生生互动、学习个体与教学中介的互动,强化人与环境的交互影响,实现教与学的同频共振。

2.人机协同教学

数字化转型背景下的"品·智"悦动教学法强调人机协同教学,人与机器智能发挥各自特长,在人机共生、人机协作、人机融合实现人机交互、优势互补、高效合作的学习。人始终作为主体参与人机交互的过程,支持整体化教学设计和智能测评。

(三)教学程序

数字化转型背景下"品·智"悦动教学法以素养为主线,以技术为中介,以数字化教育生态的重构实现学生主动、愉悦、高效的学习。

1."三维"协同

(1)以多元一体化技术输出建构情境资源层。

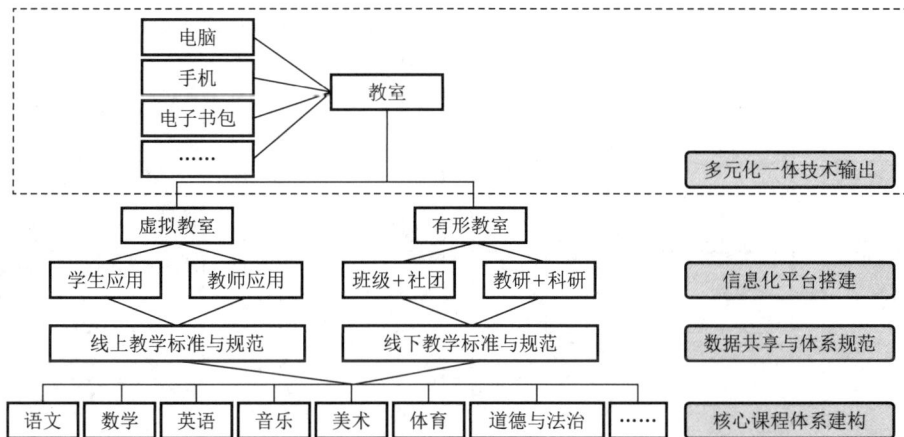

数字化转型背景下技术赋能学科教学操作模型

以电脑、电子书包等多元一体化技术输出为背景,搭建虚拟与现实并联、线上与线下混融的"教室",并以多重运行的人机交互,彰显远程对话、在线巡课、信息共享、评价管理、教学评估等诸多功能,实现数据共享,彰显体系规范,减负提质,优化学习。

（2）以多维交互式学习空间建构互动学习层。

一是共享泛在的学习空间。交互式电子白板100%深度使用,丰富多元的图片、视频、文字等媒体素材涌入课堂,网络浏览、查询、对照成为常态。

二是虚实融合的学习空间。根据需要随时展开线上线下混融式学习,保证教与学随时随地发生。

三是智能互联的学习空间。智能设备与网络相连,学生可随时"搜索",随时把语音回答转化为文字,随时通过拍照上传、投票反馈、随机挑人、抢权回答等功能适时反馈学习过程和结果,在交流中实现思维进阶。

四是沉浸体验的学习空间。充分发挥 zSpace 融虚拟现实、增强现实、扩展现实为一体的技术优势,营造模拟逼真的学习情境,在放大、缩小、翻转、透视中"去"不能去的地方,"看"平时看不到的事物,带给学生真实感、沉浸感、构想性,在适时交互中自主深度学习。

五是创新实践的学习空间。编程课堂,鼓励和发展着学生的算法思维;机器人课堂,融科学、技术、工程、数学为一体,激发着学生持续的好奇心和创造力;习作2.0课堂鼓励学生根据大数据反馈,在不断修改中提升直观发散思维和融合创新思维。

五维空间	特色课程	匹配技术资源	空间特征
共享泛在	"小品·小智"微课程（校本课程） "静心"微课程（心理健康） 模仿秀实景课程（英语） 甲骨文动画课程（语文）	微课、校园网、 微信公众号、 自媒体、交互式白板	素材丰富多元,生动形象精悍,实现最大程度的共享和泛在
虚实融合	居家"品·智"云课程（全科） 艺术云展播课程（音乐、美术） 体能云挑战课程（体育）	腾讯、钉钉、QQ课堂、 ClassIn联课平台、 自媒体、微信公众号、 大众跳绳App	线上线下混融式学习,实现人人展示
共享泛在	习作2.0课程（语文） 思维进阶课程（数学）	AI智批系统、电子书包 麻吉星教学系统、 计算机	人工智能适时反馈进程,个性化交流中实现思维进阶
沉浸体验	VR/AR课程	zSpace	以富有真实感、沉浸感、构想性的交互实现自主深度学习
创新实践	编程课程 机器人课程 3D打印课程 无人机课程 科创沙盘课程	计算机、机器人、 3D打印机、无人机	融科学、技术、工程、数学为一体发展算法思维,持续激发好奇心和创造力

技术赋能"五维课程空间"特色课程图谱

（3）以基于多模态数据的学业评价建构个性评价层。

从制定《弗莱德斯课堂互动观察量表》《课堂提问"三环六度"观察量表》开展基于提问的理答与追问的数据分析，提升互动效度；到使用 ClassIn 联课智能平台，基于 AI 技术自动提取师生问题化学习内容，从学生学习、教师引导、互动分析、学科问题等视角展开切片式人工智能分析。学校以数据驱动实现了从整体、笼统、粗放的评价方式向个别、差异、精准的评价方式的转变。通过智能融合性数据准确获取学情，增强对学习主体的"关照"能力，让信息和资源能够准确"投递"到个体，彰显评价的共情性、具体性和全息性。这种育人视域下的数据多维映射，实现了"教学评"的一致性，让学习更科学，育人更公平。

2."三段"进阶

一段为"启思悦纳"，通过引导学生课前预习，构建学习框架，提出有价值的问题。教师通过创设具有探索价值的学习情境，分层设置问题，使学生在课堂中主动参与，启迪思维，愉悦学习。

二段为是"品析·互动·悦享"，在学习中通过生生互动、师生互动、学习个体与教学媒介的互动，产生教与学的共振，提高学生学习的积极性和参与度，提高教师理答的及时性和指导度，提升品读感悟、分析思考的深入性和创新度，让课堂活跃起来，让思维活跃起来，学会学习，愿意分享。

三段为"拓智悦心"，通过学习成果导向，让学生带着问题走向实践，走出课堂，激励学生从一个问题走向更深层次的问题，在迁移运用中传承知识、启思拓智，愉悦身心。

（四）教学策略

1.备课三问，让课堂设计悦动可行

"学生应该知道什么？能够知道什么？可以知道什么？"备课三问激发教师通过对学习结果的预期，抓住能激发学生持久理解这一特征，明确学习内容的优先次序，设计能真正促进学生探索和体验递进的学习项目。比如以层层递进的追问式、不断深入的情境式来设计学习项目，可以将兴趣需求和情感培养纳入课堂，通过融合教材和生活，在新旧知识的联结中，体验"发现问题—探究问题—解决问题—提出新问题"的动态过程，让思维逐渐清晰，让学习悦动可行。

2.导学一体,让课堂学习主动可行

课前自学:从搜索开始,自觉主动。充分发挥现代媒体资源沉浸式、交互式和趣味性的特点,引导学生基于学习需求,通过快速浏览、关键词搜索等方式获取有效的信息,在宽广的视野中把一些道理和知识初步弄明白、搞清楚。

课中互动:从上课开始,多元联动。其一是以不断升级的技术丰富学习手段、增强课堂情境、提高课堂效能,发展核心素养。包括但不限于以微课突破教学重难点;以数字技术创设基于问题解决的真实情境,使抽象的学习形象化、复杂的学习简单化、微观的学习可视化;以网络资源为小组互动提供丰富多元的文字、图片与视频素材;以大数据反馈展示学生学习的过程,推动思维的进阶,为教与学的互动提供更多可能。其二是以课堂提问的主体转向实现"品""智"的互动融通。建构"三位一体"的问题解决模型,以学生问题为起点,以学科问题为基础,以教师的问题为引导,从学会提问—学会追问—学会判断核心问题—学会建构问题系统—学会合作解决问题—不断生成创新问题,培养问题的发现力、建构力、解决力和反思力。其三是贯穿于课堂始终的"品·智"教育。该教学法崇尚通过师生共同的品味探新、智慧涌现,达到在知识增长的同时启迪智慧、涵养品德、健全人格、润泽生命的教育目的,让课堂成为一个主动愉悦的学习场,一个关注人人的德育场。

课后自省:从评价开始,全面发展。从《"智"优课堂"五度"观测量表》到《"智"优发展学生成长季评价》机制的实施,学校通过模式多元、形态多维的评价手段,实现了成长评价从差异化—个性化—精准化的发展跨越,全时段奖励学生各方面优异的表现,让评价变得有意思且有意义,尊重了个体的成长差异,体现了动态成长的"增值"。

四、实践过程

(一)布局探索阶段

依托信息化设施改造,开启技术赋能"品·智"课堂探索,构建共享课程空间。

1.信息化设施提档升级

配备录播室、微机室、未来教室、电子书包教室,完善校园网、开通 FTP 空间,千兆光纤无线网络全覆盖。

2.组建技术赋能骨干队伍

组建信息技术学科辐射下的各学科各年级电教组长梯队,掌握微课、电子书包、

VR、编程、3D 打印等技术。

3. 开启"品·智"课堂特性探索

从有效教学行为入手,初步拟定《"品·智"课堂评价标准》。依据电子书包推送的学习评价数据,当堂调整改进教学。

4. 共享"品·智"课程空间

建立校本资源开发奖励制度。以品行培育、智慧学习为目标,开发"小品·小智"微课程,校园网上共享;开发电子书包课程资源包,课堂小组共享。

(二)全面推进阶段

基于信息化课题,形成技术赋能各学科教学模式,课程空间混融转型,实施基于数据的教学评价。

1. 全面优化资源互通

在校园即时通基础上扩充 WPS、微信、腾讯、钉钉等办公软件,师生管理链入各级各类平台;为每位教师更换一体机,为每间教室配备希沃白板,开通微信公众号,建立班级云空间,建设机器人、3D 打印、zSpace 等人工智能实验室。

2. 全科共进技术赋能

全员优化信息素养,人人会用希沃。建立远程研修制度,连续十年全员参加山东省"互联网 +"教师专业发展工程。组建学科工作室,建构信息化背景下各学科"品·智"课堂教学模式。如语文学科借助信息技术手段实现课前选读、课中精读、课后博读,英语的线上线下师生联动模式,音乐生活化翻转课堂模式等,都是将"品·智"教育贯穿始终,以不断升级的信息化设施优化教学手段提高教学效能;以不断优化的技术重新认识并打造会流动的学习资源;以学生、技术和学习之间的有效互动重构教学系统。

3. 全面重构"品·智"课程空间

第一探索同步课堂,与胶州 ×× 小学、青海西宁 ×× 小学连线,将优质资源送至革命老区;第二借助智慧终端,开发 VR/AR 校本课程、模仿秀实景课程、甲骨文动画课程、编程和机器人、3D 打印等课程,丰富和重构技术融合的课程空间。

4. 全面提升课堂互动观察"品·智"

制定《弗莱德斯课堂互动观察量表》《课堂提问"三环六度"观察量表》,从师生言语互动的简单统计到基于问题的理答与追问的数据分析,互动效度不断提升,学生学习的主动性、思维的敏捷性大幅增长。

(三)总结提升阶段

提升资源"智慧",凝练"品·智"悦动教学法,增强教学"智慧",实施学生成长季评价。

1. 学科融合,提升资源"智慧"

挖掘希沃电子白板的"智慧"功能,使用小度音箱、v11 语音鼠标等低成本、轻量化、便捷性智能工具,引入麻吉星、AI 智批等人工智能软件。同步建立培训考核制度,全员通过"山东省中小学教师信息技术应用能力提升工程 2.0"和智慧黑板 12 个能力点的考核。

2. 凝练共性,增强教学"智慧"

实施虚拟现实教学和人机批阅探索以及投票抢权挑人回答等智能化教学策略。发挥大数据改善学习的三大核心要素:反馈、个性化、概率预测,随时收集学习中的双向反馈数据,提供个性诊断,引发思维冲突,建立元认知思维模型,随时满足每个学生的学习需求,及时优化学习内容和学习方式。

3. 关联 5C,提升评价"智慧"

从五育融合的逻辑起点实施《"品·智"阶梯"益"起成长——学生成长季评价》机制,开展"品·智"教育十品行培养行动。其中勤奋好学这一品行,从 5C 素养出发,关注学生良好的价值取向、较强的行动能力、深刻的思维品质、一定的创造潜能、主动的合作意识,各班以希沃优化大师自建班级评价界面,分师评、生评、家长评三个维度并落实到一日管理中,大数据定期统计反馈,呈现出"1+N 激励学生全面发展"的"智慧"样态。

(四)实践检验阶段

基于人工智能课题,实现数字化管理转型、系统性教学变革,课程空间多元、数据循证多模态。

1. 管理趋于个性化适配

对比两次居家学习,从全员用 QQ 到自主选择上课工具;从统一建立"品·智"云空间、开发"品·智"课程资源包到教师自主展开直播教学、干部随时线上巡课,实现了技术资源的个性化适配。建立了各学科名师工作室,把喜欢做研究的教师聚合在一起,开展习作2.0、思维进阶等人工智能课程项目,在人机共生、人机协作、人机融合中提升每一位教师的自我效能感,在优势互补中实现深度地成长和发展,形成1+1>2的效果。

2.教学实现系统性变革

通过数字化设施的提档升级、管理制度的建立完善、资源的优化匹配,逐步形成教育数字化转型的智慧学校治理环境,实现"品·智"校园的信息化—网络化—智能化治理发展态势。通过各级智慧化教学现场会、研讨会,展示借助智能终端、实现信息优化、引发思维冲突、提升数学思维的教学现场。开发"静心"微课程、艺术云展播、体育云挑战等。不断激发信息科技的学科优势,开发科创沙盘、无人机等课程。

（五）评价走向多模态数据循证

（1）制定《"智"优课堂"五度"观测量表》,聚焦"学习目标达成度""环节设计成效度""互动深度与效度""参与广度与效度""思维广度与深度"五指数,细化为22个指标。教的层面,注重"智慧"引领下的双边活动和学法指导;学的层面,注重学生学习活动的丰富程度,思考质疑的深度等,以评促教,精准育人。

（2）使用ClassIn联课智能平台,基于AI技术自动提取师生问题化学习内容,从学生学习、教师引导、互动分析、学科问题等视角展开切片式人工智能分析。比如,从课堂高频词、师生行为占比、课堂类型风格、师生提问时间分布、教师的语言曲线分布等方面可以有效判断师生在学习过程中是否聚焦了核心问题、教师的主导性和学生的主体性发挥是否均衡、整节课的流畅度及活跃度。在课堂上留有充分的留白时间,促进学生能够有相对足够的时间来进行思考和探索。

五、创新之处

（一）理念创新:技术赋能,实现"品""智"互动融通

以涵养品性、形塑智慧素养为育人目标,首创数字技术与国家课程标准、学科课程、教学方法以及教学资源的全方位协同发展理念。借力人工智能、虚拟现实等智能性技术,建立数字化学习模式,通过师生共同的品味、探新、智慧涌现落实到教育教学过程中,让自主落地、合作生根、探究闪现、智慧充盈,构建了技术赋能下充满素养活力的生态校园。

（二）模式创新：构建数字化转型背景下"品·智"悦动教学法

数字化转型背景下"品·智"悦动教学法实现了从传统课程空间到技术赋能五维课程空间的重构；建构了三维协同的教学路径，强化智能化的资源供给和师生、生生、人机的多元互动；关注了元认知思维模型下学生自适应学习的三个阶段，彰显了"全方位、全过程、全学科"生本育人特征，让个性化的教与学成为可能。该教学法努力通过技术赋予知识更鲜活的"学习"内涵，其重构的五维课程空间彰显了技术赋能各学科的新样态，由此开发的一系列数字化转型课程作为国家课程的有益补充，减负提质增慧，为未来而教，为未来而学。

（三）评价创新：评与学及时交互，增强精准指导个性关照

学校发挥人工智能技术优势，从"全学科育人、全过程育人、全方位育人"的视角，采集学生发展的各种信息和数据，做出全面、客观、科学的评价。基于多模态数据的学业评价从学业质量、品行培养、习惯养成、特长发展等维度入手，让评价与诊断过程更接近学生的日常表现，通过积分制评价和阶段性奖励让每个人都能成为最好的自己。全时段奖励学生各方面优异的表现，评价变得有意思且有意义，尊重个体成长差异，体现动态发展"增值"。

第五节　AI 赋能小学习作课堂

传统习作教学，批改耗费教师大量的时间，课堂难以实现个性化的指导，学生写作的兴趣不高，修改的积极性不足。我们以 AI 赋能探索"习作课堂 2.0 教学研究项目"，形成的"习作智慧教育创新场景"，实现了学情分析、教学设计、学法指导和学业评价的精准突围。

一、技术赋能解放教师，实现减负突围

"AI 智能习作评改系统"以语言智能大数据建设、语义动态理解、语言表达、语言评价为基础理论，核心技术包括语—图、图—语转换生成技术以及语言生成与理解中的多源成像融合技术，学习轨迹跟踪与处理技术等。借助该系统建构的 AI 作文平台包含了学生数据评测、内容智能推介、成长轨迹记录、教学信息管理、教学过程监测、教学数据分析等版块，将教学、训练、管理、监督融为一体，借助云计算、大数据、人工智能等技术，形成以数据为支撑的习作教学、学习、画像、分析、评价、管理及存储体系。

（一）AI智批——从累到乐的翻转

1.把时间还给老师

按照部编版小学语文教材习作序列的设置要求,3～6年级每学期每个学生基本要完成8篇比较正规的习作,同时还有形式多样的小练笔,每学期基本在10次左右。传统习作教学中,这8篇习作,通常要经历一个学生手写初稿—教师首次批改—提炼修改意见全班指导—学生再次修改、誊抄—教师二次批改的过程。以班级45个学生来测算,教师手动批阅一篇作文需要5至10分钟甚至更久,全班习作最快一周甚至两周才能批完。很多老师为了能够按进度完成习作教学,往往把作文带回家中,彻夜批改。

而"AI智能习作评改系统",以自然语言处理和机器学习为核心技术实现作文自动批改,通过自动扫描学生手写习作,1分钟内即可完成全班所有学生作文的批改,高效缓解了教师的批改时间压力。尤其居家学习期间,教师借助平台的修改反馈功能进行作文批阅,解决了教师因作文批改数量大而导致的批改不精细、反馈不及时等问题,生动直观,省时高效。

2.把精力用于指导

"AI智能习作评改系统"能够对学生上传的作文在线生成评分、评语及内容分析诊断,被学生亲切地称为"AI老师"。首先,"AI老师"会自动"圈注"出学生习作中的错别字、使用不当的词语和表达不通顺的句子,同时出现正确用字、替换用词和系统认定的通顺句子,指导学生一一改正。其次,"AI老师"会详细标注学生写得好的地方、写得不好的部分,发现习作问题的同时提出明确的修改建议,甚至会"给"出默认的修改答案,便于学生借鉴修改。

"AI智能习作评改系统"将老师彻底解放出来,潜心写作指导。一定程度上减少了由于教师主观因素造成的评分标准差异,保证了评分的相对客观和公正。

（二）AI训练——从无到有的可能

很多家长都会遭遇小学生在家写习作初稿时问这问那,自己无从回答的痛苦。不少家长为此不惜给学生花钱报辅导班,陪着学生疲于奔波的同时也严重背离了教育部出台"双减政策"的初衷。

借助"AI智能习作评改系统",学校成立了习作2.0课后托管训练营,引导学生在课后服务期间,用公用账号写作,托管老师根据系统反馈,单独点评指导。在一定程度上减少了因教师不同造成的指导差异,使更多学生体验到 AI 习作的乐趣。

二、数据赋能精准教学,实现课堂突围

传统习作教学是先教后写,教师花费较多的时间和精力批阅作文草稿,找错字,纠正不通畅的句子,关注习作内容、细节、立意,负担重,效率不高。习作课堂 2.0 教学研究项目则给了学生自主理解、自我探索、自能学习的时空,将教师的教放在人机协同之后,即通过"自主读题尝试习作—上传 AI 基础纠错—根据需求精准指导—二次习作修改完善—互评习作分享借鉴—作品整理梳理成集"的方式完成一次习作教学,形成了"AI 赋能习作的智慧教育创新场景"。

(一)精准把握学情,实施智慧教研

1.从定性评价向数据测算升级

"AI 作文批改系统"不但能够对作文在线生成评分、评语及内容分析诊断,以热词分析等方式掌握学生心理情感偏好、兴趣爱好、信息聚焦点等情况,了解学生作文能力的优缺点,还会对学生每一阶段的习作进行交互式批阅,掌握学生的阅读积累、知识结构,以图表或数据的形式直观呈现,包括班级学生各分数段人数占比,内容、表达、发展维度平均分的变化等,辅助教师及时、精准地把握学情,明确习作中的普遍性问题和个性化需求,从而确定教学重难点,搭建高效写作支架实施精准突破。

2.从单一分析到多维画像升级

借助"AI 智能习作评改系统",教师不但能及时高效地完成学生日记、练笔、习作的批阅,而且还能及时有效地梳理汇总批改大数据,形成学生习作画像,发现学生习作中的问题,从而有针对性地展开教学研讨。同时"AI 智能习作评改系统"会自动积累语文老师作文教学的过程数据,并聚焦过程性数据进行学生写作素养和写作能力的多维度分析,让教研有理有据。

(二)精准写作指导,实施智慧教学

教师基于学情数据精准把握习作基点,因问题设计教学目标,确定教学重难点,借助"AI 作文平台"通过习作指导课、习作赏评课实现写作的层进式、精准性指导。

1.打磨范例课堂

学校经过层层磨课,在教育部基础教育课程教材发展中心主办的"统编小学语文教材习作课堂 2.0 教学研讨活动"暨山东省"互联网 + 教师专业发展"工程小学

语文省级工作坊在线培训会上展示了《我的拿手好戏》习作指导课和赏评课。

习作指导课借助 AI 作文平台提供的数据分析,多角度且有针对性指导学生修改习作提纲,确定习作重点;接着运用视频创境,指导学生关注细节;之后人机协同帮助学生修改习作,把重点部分写具体。学生在"两位"老师的协同指导下对自己的习作进行修改提升,让学习在课堂上真实发生。

习作赏评课通过习作修改前后的数据对比,找到学生习作中的闪光点;设置由低到高的评价层级,带领学生赏出习作的闪光点;借助生活视频,关注学生习作盲点,适时介入指导,再次提升完善习作。

习作指导课、习作赏评课将 AI 技术与教师智慧充分融合,真实对话、解决问题,成为 AI 赋能习作课堂的样本范例。

2. 迁移常态课堂

学校成立语文名师工作室,执教范例课的两位教师作为主持人和名师,积极投身到培养 AI 习作新能手的工作中,形成了《让真情自然流露》等更多新的课例,以真实、互动、合作、共学的课堂,实现了课堂范例基础上的迁移、实践和再探究,让智优习作课堂成为常态。

三、人机协同个性指导,实现修改突围

文章不厌百回改,反复推敲佳句来。语文教师借助"AI 智能习作评改系统"的迅捷性和精准性,在人机协同个性指导中突破习作修改局限。

(一)一对一指导,提升修改积极性

传统习作教学,由于现有教学资源与学生个性化习作需求匹配度不高,难以实现对全体学生的个性化指导和大规模因材施教,难以及时发现和满足学生在习作过程中的个性化需求,学生修改习作的动力明显不足。有了 AI 作文平台,学生的每一次修改提交,都会收到"AI 老师"的一对一"秒回式"反馈,很多学生积极主动的反复修改自己的习作,用行动让自己清晰地感受到,好作文是改出来的,甚至有的学生乐在其中,"要把作文改到得分率 90% 再提交"。从 2022 年 1 月至 12 月,学生通过 AI 作文系统提交作文 3156 篇,累计修改 33018 次,平均每篇作文修改 10.46 次。很多学生还将自己平日写的小练笔,主动传到 AI 习作平台上,依据"AI 老师"的建议不断进行个性化修改。

（二）共享资源包，提升修改自能力

学校成立资源开发小组，立足课标、基于教材、依据学情，搜集、整理、编撰了包括"作文范文""精选题库""提升建议""拓展学习"等内容的"习作课堂 2.0 教学资源包"上传到平台，共享学生习作发展的适切素材资源。学生可依据自身需求，选择性的阅读使用，从中得到启发，辅助修改习作，丰富知识、拓宽眼界，发展修改自能力。

（三）教师二次批阅，提升修改共情力

技术赋能习作课堂的重点不在于技术本身，而是教学与技术的融合创新带来的教与学的优化。"AI 智能习作评改系统"为教学提供了便捷，但却不能替代情感、个性的引导。因此，"习作课堂 2.0 教学研究项目"倡导在机器批阅的同时给予教师的二次批阅和研判，相机补充更能让学生产生共情的评价指导。对于选材视角独特质量较高的文章，更要发挥教师情感评价的魅力，避免因人工智能认知局限产生的失误，提升习作评改的共情指数。只有以教师的智慧为核心，以系统的便捷为抓手，扬长避短，才能让习作教学有尺度更有温度。

四、习作赋能高质发展，实现成长突围

（一）教师数字素养大幅提升

1. 点燃习作教学改革激情

随着习作 2.0 项目的不断推进，老师们渐渐从技术小白变成了技术大咖。系统平台、电子书包、语音输入鼠标、小度智能屏等的使用越来越得心应手。更重要的是，有了习作 2.0 教学研究项目作为切入点，使得每一个老师都有机会接触到人工智能赋能语文教学研究的前沿，教师们就像是安装了成长加速器，教学理念、研究观念发生着快速转变。习作课堂的固有模式被打破，教师们展开逆向教学设计，探索出将任务群教学融合 AI 技术的新型习作教学模式，建构高效习作课堂。

2. 提升居家教学满意水平

居家学习期间，习作 2.0 教学展现出特殊优势。技术赋能下的师生对话、生生对话、人机对话，大大提高了学生线上习作的积极性，一篇篇根据系统评价和教师点评后的习作修改稿，跃然屏幕上。在底稿次数不断积累和习作分数不断提高的同时，学生习作的兴趣和能力也在不断提升，满意度达到了 100%。

（二）学生学习质量大幅提升

1. 良好写作习惯养成明显

"AI智能习作评改系统"记录着学生进步的点点滴滴，立体生动的呈现着技术赋能习作教学带来的巨大价值。有的同学说："有了AI平台，仿佛自己身边多了一位个人定制版的习作老师，随时可以从平台上汲取自己所需要的资源，每次提交的文章，都能得到这位小老师的专属指导。"有的同学说："每次提交、修改，再提交的过程就像是在闯关，哪怕只有0.1的提升，对自己都是莫大的鼓励。"不少学生对一篇文章的修改次数超过了30次。在"AI老师"持续正向的激励下，写作变得不再枯燥，良好的写作习惯逐渐养成。

临近毕业，学校将每个学生在AI作文平台上积累的习作导出来打印成册，装帧成精美的作文集送给学生，既有原文版，也有评语版。这些习作集既是精美的毕业礼物，也是互相学习的最好资料，实现了学生的自我成长。

2. 学生书写水平提高明显

"AI智能习作评改系统"的照片识别功能很强大，既不用让学生一直盯着电脑打字，又潜移默化中渗透好好写字，电脑才能正确识别的意识，甚至为初中电脑阅卷的认真书写奠定了基础。学生家长反馈，原来让孩子好好练字说多少遍也不服气，现在有了"AI老师"，写得是否认真清晰，正确识别率一目了然。所以孩子在手写作文时，就努力做到一笔一画，认认真真，班级书写优秀率大幅提高。

3. 学生学习质量提升明显

数据显示，一年内班级学生作文的内容、表达、发展维度均有明显提升，平均正确率从84.6%提升到了90.3%。得分率90%以上学生成倍递增。期末检测数据对比显示，习作优秀率从五年级下学期的89.26%提升到六年级上学期的92.52%，提升了3.3个百分点。对比2021某学科期中市抽检与期末考试成绩，短短半个学期中，平均正确率上升2.29个百分点，积累运用部分上升4.28个百分点，课外阅读部分上升0.42个百分点，习作上升1.84个百分点，优秀率更是有了大幅度提升。相关工作成效和案例在全省智慧教育工作会议上获得山东省教育厅的表扬肯定。

技术在改善教育方式、思维状态的同时也在改变着技术自身的文化内涵、社会意蕴与价值维度，实现着用智慧优化教育，让教育更加"智能"的使命。AI赋能，打破了传统习作"围墙"，让习作质量在人机深度融合中从优质走向卓越。

第六节　基于思维可视化支架的"三生"教学模式

思维可视化是指运用一系列技术把本来不可视的思维呈现出来,使其清晰可见的过程。被可视化的"思维"更有利于理解和记忆,因此可以有效提高信息加工及信息传递的效能。生活即教育,教育即生长,让教育生动起来实现学生的全面发展是教育持之以恒的朴素追求。

新课程标准聚焦中国学生发展核心素养,对于理性思维、批判质疑、勇于探究等提出了明确的培养要求。基于学生思维的培养与发展,应用思维可视化手段将学习者的思维过程和思维结果呈现出来,从而促进学习思考和思维能力的提升,让学习真实发生,让学习走向深度,成为当前许多教育实践和研究者的研究方向。同时也是基于世界教育改革发展趋势,提升我国教育国际竞争力的迫切需要。"双减"政策的出台对于减轻学习负担、提高课堂学习质量有了前所未有的关注。如何以思维的可视化让学生的学习"源于生活,优于生动,成于生长",成为课堂教学改革时不我待的发展需要。

一、问题提出

学校在用智慧赋能,以教学资源提档升级、思维能力培养建构、教学策略个性适配,提升学校现代化品质的过程中发现了以下问题。

(1)站在教师"教"的视角的课堂设计与实施,注重从教到学的信息传递,禁锢了学生思维,忽视了从学到学会的思维精加工,导致教学中经常出现教完不等于学会的现象。

(2)课堂的转型需要让学生自己经历发现问题、提出问题、解决问题的过程,在这一过程中学生的思维究竟经历了怎样的发展与变化,学生是否真的在学习、有没有学会、还有哪些没学会,缺乏外显的可视化的证据支撑。

(3)学生的学习离不开生活,但在实际的教学中却往往与之割裂,导致学生体验感不强,参与度不够,难以让学生形成真正有意义的认知;缺乏生动教育场景与过程建构的学习使得学生始终处于"被动"学习的境地,课堂缺乏有效的合作和互动,思维缺乏审辨和独创,学生的变化不够明显,"生长"不够深度。

新课程标准强调的"学科思想方法"变革,强调知行合一、学思结合,实现"做中学""用中学""创中学",需要基于思维支架探索更加具有生活性,更加强化生动性,凸显学生主体地位,满足学生成长需求的新的教学策略与模式。而仅仅借助"思维导图"这一种思维可视化工具,不能满足学生的学习需求,思维可视化工具的开发与使用还有着广阔的研究空间。同时,思维可视化工具作为一种学业评估工具在教育教学中的合理应用,也是思维培养中新的研究方向。因此,"基于思维可视化支架的'三生'教学模式的构建与实践",期望通过对"思维可视化"工具及其教育教学应用的研究,解决现行教学中的真问题,开展真学习、真探究,让"思维"落地,让素养提升。

二、解决问题的过程与方法

(一)研究准备与探索阶段

一是成立攻坚团队。为提升课堂思维悦动的指数,学校以思维导图研究为基础,成立了由校长、分管领导、骨干教师组成的研究核心团队,从语文、数学、英语等学科选派实验教师率先开展课堂实践。通过专家讲座、骨干带动、学科突破等多角度、多层面推进研究的实施,推动课堂学习方式的变革,形成了"一核三图五有"思维悦动教学法。一核指单元主题核心,三图指课前导学图、课中导学图、凝练图即课堂板书。

二是借力课题突破。各学科采取了科研带动教研的研究模式,在学校主课题的引领下开启了小课题研究,彰显学科研究的深入和特色。比如科学学科申报了省规划课题子课题"基于项目式学习的小学生科学思维培养研究",并于2020年顺利结题。

三是多方联动研究。围绕思维可视化技术的应用,在校内开展了跨学科主题研究;同时走出去、请进来,与合作单位开展跨校研究,不断提高思维可视化技术策略及效果。

(二)全面推进阶段

是探索与实践了适合小学生思维可视化的学习支架。学校从思维可视化的学习支架的适用种类、适用时间以及有效性等多个方面进行了深度研究与实践。提炼总结了适用于小学生思维发展的15种学习支架,适用于课前、课中、课后多个环节。

二是全学科共进形成了促进小学生思维进阶的多种教学法。基于思维可视化支架的教学策略研究在语、数、英、音、体、美、科学、道德与法治等学科全面铺开,学校通过科研推进会,以课例、经验交流等方式进行了研究成果的交流。音乐学科"思维迁移立体再现音'悦'教学法"、科学学科"'预辨构创'思维发展四步教学法"、道德与法治学科"1335"思维悦动教学法和英语学科"'一线三图'灵动英语教学法"，被评为区级优秀教学法。

如，音乐学科"思维迁移立体再现音'悦'教学法"是借助姊妹艺术迁移，强化音乐感受，体验感悟意境；借助生活经验迁移，拓宽表现形式，增强创作能力。科学学科"'预辨构创'思维发展四步教学法"设置"预""辨""构""创"思维发展路径，"预"即"回顾已知，猜想预设"——引发思维活动；"辨"即"合作研究，思辨发现"——提升思维品质；"构"即"认知建构，思维可视"——内化思维模式；"创"即"应用结论，创意做法"——深化思维发展。英语学科"一线三图"灵动英语教学法，以主题单元统整为主线，形成导学感知图、合作精细图、深入凝练图。

三是全课堂评估形成了"三生"教学模式的闭环优化系统。学校聚焦"思维进阶"，建构学生思维发展评估指标，研制思维悦动课堂观察量表、思维观察评价一览表等课堂观察与评价量表，加强教育教学效果的评估，拓展了思维可视化教育研究的方向，以生活化课程催生生动性教学，以生动性教学促进儿童生长。

（三）总结提升阶段。

一是生活化——问题发现研究。各学科展开集备，立足教材梳理学科问题；各教室门口悬挂问题板，鼓励学生提出问题，寻找"最会提问题的你"；各年级组展开教研，基于学科特点和学生特点，立足现实生活设计课堂问题，最终形成了以学生问题为起点，以学科问题为基础，以教师问题为引导的"三位一体"问题发现模式。

二是生动性——问题探究实践。各学科基于思维可视化支架展开课堂实践，建构生动的教学场景，探索高效的多元互动方式，提出可操作性的实践策略。比如道德与法治学科总结的5个对照策略，包括依据学生生活与实际需求，把握教学目标，培养政治认同；构建互学互助的学习场，把握课堂形态，培养道德修养；激发学生的热情和兴趣，把握课堂组织，培养法治观念；创造机会供学生探讨和发现，把握教学策略，培养责任意识；实现纵向提升和个体关切，把握教学评价，培养健全人格等等，在实际应用测评中产生了很好的思维进阶效果。

三是生长性——问题解决研究。各学科以思维进阶为目标，以课堂评价为手段，在思维生长的可视化支架的基础上提升体验的深度、实践的厚度，让学习始于实践，终于实践，全程都在实践。比如数学《三角形的认识》一课，为挖掘"三角形"概念的本质，创设"做、拼、拉、画、围"等数学实验，让学生亲身经历"主动猜想—设计实验—动手操作—验证猜想—探究原理"的学习过程。学生们在"做、拼、拉小棒"的两次实验活动中,发现三角形具有唯一性,从而深入理解了三角形具有稳定性。通过"画"引导学生由浅表认识逐步深入理解三角形的意义,经历"围"这一活动,建立知识点"高"与"点到直线的距离"之间的联系;通过课堂观察和嵌入评价等多种方式及时发现学生学习的起点和思维的生长点,实现学生空间思维、推理思维等核心素养的进阶。

四、成果主要内容

(一)形成了适合小学生的思维可视化学习支架

思维可视化工具在建构知识、发散思维、帮助思考、提高能力等方面发挥着重要的作用。学校教师在实践中根据学生的年龄特点、学科特点,从三个各方面梳理归纳了适合小学生的思维可视化学习支架。一是结构式支架,即思维导图,主要包括厘清先后顺序的流程图、整体与局部关系的括号图、分析问题原因和结构的鱼骨图、描述事物特征的气泡图、分析与归纳的树状图等等;二是表达式支架,包括语言表达、做批注写感受、表演与制作、创编与续写、演示与实验、绘画(包括线段图)与设计等;三是情景支架,包括问题情境、互动情境、实践情境等等。在教学中恰当使用思维可视化支架,有利于激发学生的学习兴趣,促进学生的理解与记忆;有利于将抽象问题具体化、形象化,帮助学生克服学习障碍;有利于学生持续、深入地思考,促进学生思维的深度发展。

(二)探索"基于思维可视化支架的'三生'教学模式"

学校以思维可视化为基点,全学科共进,探索的"生活·生动·生长"教学模式,是以生活化体验催生生动性教学、生动性教学促进儿童生长为宗旨,搭建思维可视化学习支架,建构以"生活·发现"聚焦问题,"生动·对话"探究问题,"生长·实践"解决问题的学习路径,联接生活经验、乐享生动课堂、共筑生长家园,实现思维的进阶和核心素养的提升。

(1)"生活·发现"聚焦问题,解决主动学。该模式主张联接生活经验,引导学生自主发现,提出问题,激发学生学习的主动性,形成了以学生问题为起点,以学科问题为基础,以教师问题为引导的"三位一体"问题发现模式。

(2)"生动·对话"探究问题,解决有效学。该模式主张通过15种思维可视化支架,建构生动的学习场景,通过生生对话、师生对话提升课堂互动品质,建构和悦动课堂。

（3）"生长·实践"解决问题，解决持续学。该模式主张从实践中来到实践中，注重主体实践性活动，引导学生用眼、耳、口、鼻、手等多种感官去获得直接经验，增加感性认识，让学生在亲身实践和实际体验中，独立思考，同伴互助，提高解决实际问题的能力。

（三）建构基于多模态数据的学业评价体系

学校基于思维可视化理念对小学阶段全学科教育的促进，探索实施基于多模态数据的学业评价体系。一是教、学、评一致性评价探索。聚焦"思维进阶"遴选评价要素建构学生思维发展评估指标，让评价看得见，提升自主学习力和能动积极性。二是研制"一核三图五有"课堂评价量表、和合思维悦动课堂观察量表，展开微格观察，统计评价数据，评估教育教学效果，让变化看得见，提升课堂教学效能，引领教师研究方向。三是实施校园币学生评价体系，从学生日常的学习活动、品行修养、习惯养成、体育锻炼、特长发展等多个维度入手，评价学生在校一日学习生活的方方面面和阶段性成效，突出了全员育人，全方位育人，让育人更精准，更有效。

（1）精准评价思维的精细化表现，凸显清晰化、可视化、量表化特点。课堂中对每一个学习行为和思维进阶都有明确的标准。如将理解语文课文的标准细化为三条。一是能否读得细，即能否读到文本意涵的全貌？二是能否读得深，即能否读懂文本背后的妙处？三是能否读得透，即能否读懂文本之间的联系？

（2）尊重评价对象个性化表现。学生个体发展水平存在差异，因此学校总结出不同维度的分层评价，对学生做出个性化评价，并及时关注学生的动态发展，嘉奖进步，并及时调整评价方式，让评价更具有指导性。

（3）凸显评价方式的互动性表现。细化评价分类及评价标准，学生、教师、家长、社会多维联动、多元参与，凸显家校社协同育人的互动性。用评价激励提升思维品质，实现全面发展。

四、成果创新与特色

（一）理念创新

"基于思维可视化支架的'三生'教学模式"的建立不仅仅培养了学生的思维能力，推动了学校课堂教学的变革，更重要的是为生活与教育理论研究提供了可借鉴的实践经验，对推进深度学习，发展学生的核心素养起到了积极的作用。

（二）模式创新

（1）构建了"基于思维可视化支架的'三生'教学模式"。"基于思维可视化支架的'三生'教学模式,从生活出发,聚焦问题,通过思维可视化支架,精心设计指向发展学生思维的课堂活动,引导学生主动学习,多角度、多层次地促进学生的思维发展,实现思维进阶,提质增效。

（2）创造性提出并实践的系列学科教学法,形成了独立的实践应用成果,不仅是教师保证课堂教学任务、实现教学目标和提高教学质量的关键,更重要的是引起了学生的学习注意与兴趣,唤起了学生的思维意识,激发了学生的思维发展,学生学习更积极、主动,学习欲望更强,对有效达成课堂教学目标发挥重要的作用。教学法的产生、实施与推进,实现了由教到学的转变,打通了学生的思维路径,课堂更加灵动,学习更加真实。

（三）评价创新

基于多模态数据的学业评价体系,让评价体系更完善,评价内容更精准,体现教学评一致性的同时从单一评价走向多元评价,从平面评价走向立体画像,从有限数据统计走向大数据测算,更好地助力于学生的学习与成长。

第三编

学生关怀智慧论

第 五 章

基于学生差异的智慧关怀

第一节　对学生差异的调查与归因

一、研究的问题及背景

（一）研究背景

1.教育理论背景

心理学研究表明，人作为一个完整的独立体，受其环境、遗传等诸多因素的影响，使其在性格、兴趣、爱好、志向、能力上都存在着一定的差异。美国著名差异心理学家 A.安纳斯泰司指出，对从单细胞生物体开始，直到类人猿为止的动物行为的研究表明，在学习特征、情绪反应、动机和行为的其他方面都存在着个别差异。这些种内差异大到如此程度，以致有时候超过了种间的差异。德国哲学家莱布尼茨也说过："世界上没有两片完全相同的树叶。"正因为没有两片完全相同的树叶，自然界才变得如此精彩。正因为没有完全相同的两个人，生命才显得愈加珍贵。人格心理学通过对人性及其差异的研究发现，人的认知、情绪、动机和自我的差异决定了人性的差异，个性独特性的发展是实现自我价值的普遍追求。

作为培养人、发展人的教育，更应尊重这种生命发展的本然，这是教育发展不容忽视存在的客观基础。当我们把一定数量学生按年龄特征编成班组，使每一班组有固定的学生和课程，由教师根据固定的授课时间和授课顺序，根据教学目的和任务，对全班学生进行连续上课时，我们也必须清醒地意识到每个学生之间、每个班级之间的差异。教育家赞科夫说："当教师把每个学生都理解为他是一个具有个人特点的、具有自己的志向、自己的智慧和性格结构的人的时候，这样的理解才能有助于教师去热爱儿童和尊重儿童。"早在 2500 多年前，我国古代教育家孔子就曾根据自己的观察评定学生的个别差异，把人分为中人、中人以上和中人以下，这实际上相当于测量学中的命名量表和次序量表。孟子也曾说过："权，然后知轻重；度，然后知短长。物皆然，心为甚。"著名教育家吕型伟于 2003 年发表《实施有差异的教育》一文，指出每一个教育者，都不能用同一个标准去衡量每一个学生。可见，承认差异，尊重差异；发现差异、发展差异是世界教育发展的共同价值取向。

2.政策发展导向

在习近平新时代中国特色社会主义思想引领下，党中央、国务院逐步实施人才强国战略，强调要以国家发展需要和社会需求为导向，以提高思想道德素质和创新能力为核心，完善现代国民教育和终身教育体系，注重在实践中发现、培养、造就人才，构建人人能够成才、人人得到发展的人才培养开发机制。我国素质教育改革倡导的"以人为本"的理念，其根本就是关注差异，因材施教，实现学生的全面发展、和谐发展、个性发展。《国家中长期教育改革发展纲要（2010—2020 年）》在"总体战略"中再次强调了"育人为本"的工作方针，明确要求"关心每个学生，促进每个学生主动地、生动活泼地发展，尊重教育规律和学生身心发展规律，为每个学生提供适合的教育"。在十九大提出的"公平而有质量的教育"的基础上，进一步突出了"高质量教育体系"的目标。即让每一个个体都有机会享有优质教育资源，都有得到发展的机会，都能成为有用之才。二十大报告明确提出，要落实立德树人根本任务，培养德智体美劳全面发展的社会主义建设者和接班人。

3.生源发展现状

无论是本地生源和随迁市民之间，还是本地生源之间，在认知、习惯、情感、思维、家庭背景等诸多方面均存在差异，这些差异给我们的教育教学带来了许多新的问题与挑战。一是习惯与行为差异。每年入学新生家长的素质参差不齐，家庭教育的差异造成了学生间行为与习惯的明显差异，有的学生没有良好的卫生习惯，有的学生注意力和自我约束力不够，有的学生表现为明显的多动、烦躁等行为偏常，还有的学生自信心不足、进取意识不强、与人交往能力较弱等，而这些常常又反作用于学生的行为，使他们表现出否定自我、不敢表现、不善交流等消极的状态，这对我们的德育教育也造成了一定的困难，加大了教师对学生进行帮辅、疏导的难度。二是学习与发展差异。知识经验的差异和学习习惯的差异在新生入校时已经存在，还有部分家长对学生的学习和发展不闻不问，诸多因素共同作用导致学生学习和发展的差异加大，给学校教育造成了较大的困难，也提出了更高的要求。

随着课程改革和教师专业化的深入推进,由于教师自身素养的差异和专业态度的不同,导致了教师专业发展的不均衡,这些差异对学生的发展也带来了许多新的问题与挑战。一是课堂教学的失衡。面对差异较大的学生群体,教师缺乏智慧的解决策略,课堂教学还存在着效率不高、容量不够、方法单一的现象,缺乏有效的智慧教学和全面关注,使得部分学生游离于课堂之外,学困生的进步幅度不够明显。二是家校和谐的错音。面对差异较大的家长和学生群体,教师缺乏智慧的沟通策略,缺乏有效的个别疏导、方法引导和人文关怀,使得部分家长不能够有效配合学校的教育教学工作,行为偏常生的改善幅度不明显。

二、关键概念界定及研究假设

(一)学生差异

1. 概念界定

个体差异,是指"个人在认识、情感、意志等心理活动过程中表现出来的相对稳定而又不同于他人的心理、生理特点",它表现在"质和量两个方面"。质的差异指心理生理特点的不同及行为方式上的不同,量的差异指发展速度的快慢和发展水平的高低。而学生差异是指在学校教育,特别是教育教学情境中学生与学生之间在能力、习惯、思维、兴趣、性格和气质、心理特征等方面存在的明显的或根本的差异。

2. 研究纵览

1914年有人在广东测验了500名儿童的记忆和比喻理解。1920年,北京高等师范院校和南京高等师范学校建立了我国最早的两所心理实验室。廖世承和陈鹤琴在南京高师开设测验课,并用心理测验试测报考该校的学生,1912年,他俩正式出版了《智力测验法》一书。1922年,比奈量表由费培杰译成中文,并在江浙两省的一些小学中进行过测验。1924年,陆志韦先生发表了《订正比奈西蒙智力测验说明书》,后来又与吴天敏再次做了修订。1931年,中国测验学会成立。1932年,《测验》杂志创刊。据不完全统计,到抗日战争前后,我国心理学工作者制定或改编出合乎标准的智力测验和人格测验约20种,教育测验50多种,新中国成立前共出版心理与教育测验方面的书籍20多种。1979年,林传鼎、张厚粲等参考国外资料编制了少年儿童学习能力测验。同年,湖南医学院龚耀先主持修订韦氏成人智力量表。1980年初,北京师范大学心理系首次开设心理测量课,林传鼎、张厚粲主持修订韦氏儿童智力量表,吴天敏主持修订比奈量表,我国还修订了明尼苏达多相个性调查表、艾森克人格问卷,同时还编制了一些测验,如记忆测验、气质测验。1984 年 12 月中国心理学会成立,1985 年 4 月辽宁省鞍山市成立了心理测量科学研究所,差异心理学的研究广泛地开展起来。

　　现代教学论认为,由于遗传因素和外部环境两方面的不同影响,必然会造成学生在智力、知识、情感、意志、性格、气质等方面的差异,这些差异为因材施教提供了依据。正如德国著名教育家第斯多惠所说:"应当考虑儿童天性的差异,并且促进其独特的发展,不能也不应使一切人都成为一模一样的人,并教给一模一样的东西。"教育应当使每个受教育者都能在原有的基础上得到发展,重视个性的发展,重视每个人素质的提高。这对于未来社会对人才多样性、多层次的要求具有重要的现实意义。关注学生差异,一直是国内外教育教学研究中的一项重要内容。对学生差异的研究,更是我国新课程改革以来备受教育专家、教育管理者、教师,甚至社会关注的重要内容。通过百度搜索引擎输入"学生差异"搜索,搜到与此相关的项目超过4700 万,即使输入"学生差异研究"搜索,也可搜索到约 78.7 万个结果。在维普资讯电子期刊中,以"学生差异"为关键词搜索,共搜出数百篇相关文章;以"关注学生差异"为关键词搜索,共搜出数十篇相关文章。除了号召、倡导关注学生差异的内容,从已有可查研究来看,对学生差异研究,最多的是在教学过程中关注学生差异,并展开有效方法、策略的研究,其中尤以学科教学中针对学生差异研究为主。最为突出的是与"关注学生差异,实施分层教学"相关的研究,既有地区层面的研究,也有学校层面和教师层面的研究;既有对"教学"宏观行为的研究,又有针对某一学科特点进行的研究,且多为实践研究经验的总结介绍。例如有的省份进行了"针对班级授课制前提下生源不同构成和学生差异,通过实践探索,构建面向现代学生的现代学校课堂教学的新形态,以改善和提高课堂教学的效益"的研究;有的学校从学科教学的角度研究构建了"教育关怀系统",以满足学生差异发展需求。除此以外,还有少量的个案研究。目前通过以上途径可查到的国外关于"学生差异"的研究,也多是"认知""学习"方面的。

　　3. 学校定位

　　结合学校现状,我们所要研究的学生差异,一是在入学时通过问卷和观察发现的学生在亲子关系、知识储备、行为习惯、情绪气质方面的差异。二是入学以后通过检测和观察发现的学生在行为习惯、技能操作、知识学习、能力发展、个性表现等方面的差异。

（二）智慧关怀

1. 概念界定

智慧，聪明才智，是对事物能迅速、灵活、正确地理解和解决的能力。智是决断，决疑断惑，慧是拣择，考察切要。智慧教育就是通过一系列直指人心、直指本源的智慧修炼，对学生予以开启、诱导、教化；帮助学生排除干扰，放下包袱，开放心态，开阔思维，创造性地解决问题的教育。关怀，关心爱护，关切在意，关注辅助。

2. 研究纵览

关于"智慧教育"，1992年，著名科学家钱学森提出了大成智慧教育的设想，即"集大成，得智慧"的重要思想。山西师范大学教育硕士张一笑也在这一理论的基础之上对智慧教育进行了更深入的探讨，并著有《智慧教育》一书。进一步扩展和深化了我国杰出的教育家陶行知先生倡导的知行统一，并突出了智慧的重要性，还明确地提出了对智慧的培育需要系统化的过程，也使得钱老先生的大成智慧学有了教学实际的体现。"智慧教育就是在素质教育的前提下，以教师的智慧成长为基点，以学生的智慧生成为目标，以六大行动为途径，引领师生走向幸福生活的教育。六大途径是：打造智慧的教师，培养智慧的学生，塑造智慧的校长，构建智慧的校园，造就智慧的家长，探索信息化的智慧教育。智慧教育是一种以人为本的教育，人性化的教育，讲求快乐学习和快乐成长；它通过拓展学生的思维潜能，让学生自主地成为未来社会的人才；它采用的是科学的方法，让学生们在相应的教育实践中获得身心的充分发展。"在维普资讯电子期刊中，以"智慧教育"为关键词搜索，共搜出数百篇相关文章。从这些研究来看，当前人们对智慧教育的研究主要集中在对"智慧课堂"和"智慧教师"这两个方面的研究上。对于"智慧课堂"的研究多是从学科教学角度初步提出构建智慧课堂的方法；对于"智慧教师"则多是就"如何做智慧型教师"的角度展开实践或理论研究的。例如，有的研究者就"智慧型教师的成长路径"进行了相关研究，总结、分析了智慧型教师的特征、羁绊智慧型教师成长的因素并探究式地提出了智慧型教师的成长路径。

在Google中，以"学生 心理关怀"为关键词搜索，共搜到743万个与此相关的结果，其中多是呼吁社会重视对学生心理、情感的关注，尤其对高中生（高考后）、高校学生、弱势学生的关注相对更多些。通过中国知网、维普资讯电子期刊分别同样输入"学生 心理关怀",搜索结果中近些年来的相关项目总计近百篇,从这些研究看,主要集中在以下几个方面:一是对不同群体学生心理状况进行的分析研究;二是对学生中不同群体出现的心理健康问题进行对策研究;三是提出以心理干预的方式帮助学生解决心理、情感、道德品质等方面的问题。

3. 学校定位

我们所认同的智慧关怀,是运用教育智慧,对学生进行的全方位的关心与爱护,即学校、教师能够尊重并基于学生的各种差异从管理、文化、教学、德育、心理干预等角度实施的人文的、有效的行动、方法,能够在现有的基础上培养基础更加扎实、习惯比较良好、爱好更加广泛、眼界有所开阔、相信合作才能共赢的龙之骄子,为中华民族伟大复兴培育建设者和接班人。

三、对学生差异的现状分析及归因研究

我们主要从基础性差异、动力性差异、操作性差异、方向性差异四个方面入手,开展调查、访谈、测试,梳理出基于校本的学生差异的表现及其特点,并对学生差异的表现进行深入的分析与归因。其主要研究内容和方法包括以下内容。

(一)问卷调查

(1)对一年级新生的问卷调查,主要包括父母受教育程度、学生学前教育程度、家庭教育状况、学生个性表现等指标。学校通过对这些指标的分析,可以发现每个学生入学前存在的差异表现。

(2)学校每年都会接受区域督导部门进行的社会化评价,主要包括学校管理满意度、学校教师认可度、教育收费、教师师德、学业负担、阳光体育、教育五公开、师生关系、家校关系等若干指标,通过对这些指标的分析,可以发现校内年级之间、班级之间以及本校与区域其他学校发展的差异。

(二)命题测试

(1)学校每学期末都会采用统一命题的方式对全校学生分年级进行质量检测,通过对这些检测数据的分析,可以发现本年级、班级内学生学习情况的差异。区域间或有对全区学生的质量抽测,通过对检测数据的分析,可以发现本校学生与区域其他学校同一年级学生的差异所在。

(2)学校还与大学合作,对四年级、六年级学生进行了数学加法估算能力的测试,比较分析不同年级儿童估算策略执行和策略选择的影响,发现学生在认知学习

上的差异表现。

（三）多角度观察

（1）我们设计了智慧课堂观察单，包括师生互动、学生表达、学生倾听、教师提问、教师评价语、课堂资源使用、学习策略选择、自主学习状态、学习目标达成、课堂环节安排等13个量表，通过对课堂进行多角度的观察，发现师生教与学的差异表现。

（2）班主任、学科教师、社团老师从以下角度对学生在学校活动以及学习的状态进行观察。① 适应与应激性：害羞、紧张、大方、礼貌等。② 思维的差异性：概括性、间接性、逻辑性、深刻性、灵活性、独创性、批判性（分析性、策略性、全面性、独立性、正确性）、敏捷性。③ 表达的正确性、流畅性、完整性、生动性等。④ 性格特质以及表现：内向、外向等。⑤ 表情和动作，包括站姿。⑥ 到黑板板书的位置与书写，做题的速度以及板演的过程。⑦ 倾听的程度。⑧ 师生互动的效度。⑨ 学生的变化等。教师分析交流观察量表，每月撰写观察故事，从中发现差异，尊重差异，运用差异。

（3）通过绘画和心理测量系统对部分特殊学生进行前测，努力发现这些学生存在的心理问题。

（四）观测数据

1. 对学生差异的问卷测量

通过对一年级新生的问卷调查，我们发现4.5%的父亲、2.7%的母亲每天与学生相处的时间在1小时以内；37.6%的父亲、12.1%的母亲每天与学生相处的时间在1～2小时之间；58%的父亲、85.2%的母亲每天与学生相处的时间在2小时以上。2.8%的父亲、2%的母亲每周与学生相处的时间不足1天；41.5%的父亲、28.3%的母亲每周与学生相处的时间在1～3天之间；只有55.8%的父亲、75.9%的母亲每周与学生相处的时间在3天以上。由此可见，有相当数量的学生在家庭中处于无父母陪伴的状态。

调查还发现，在家庭教育方式上，43.3%的妈妈选择严厉，41.8%的妈妈选择民主，14.9%的妈妈选择放松；而同样的调查，爸爸选择严厉型36.4%，民主型42.8%，放松型20.8%。在对待学习的态度上，23%的学生选择十分积极，75.2%的学生选择需要督促，还有1.8%完全被动。可见，有相当数量的家庭，其采取的教育方式要么过于严厉，要么过于放松，使得这些家庭的子女学习主动性不够，需要父母的督促，没有养成良好的学习习惯。

在家庭教育主要教育角色的差异上,61.7%的是妈妈,34.5%是爸爸,还有2.8%的四老。在父母与学生沟通差异上,不容易沟通的妈妈占4.5%,爸爸1.8%;还有5.4%的妈妈、13.1%的爸爸偶尔与学生争吵。在亲子关系差异上,1.8%的妈妈、9.4%的爸爸选择"一般"。可见大部分家庭主要以母亲的陪伴和教育为主,还有部分家庭主要由老人带孩子,部分家庭亲子关系疏离,部分家长不能与学生很好地沟通,甚至会有争吵。

通过对各学科学业质量检测数据分析可以看出,不论哪一个学科都存在一定数量的学困生,部分学校的学困生数量远远大于区域内其他学校,学生的优秀率普遍不高,尽管学校采取了很多举措,教师付出了比其他学校教师更大的精力和努力,但由于早期教育和家庭关注的缺失,仍然存在着年级越高优秀率越低的趋势,优秀率下降的速率高于区域内其他学校。

2. 对学生差异的质性观察

通过对全校学生的课堂量表观察和每位老师的一对一的关注辅助,发现本校学生与区域内其他学校相比,其差异性主要表现在学生素质整体不高,部分学生礼仪和习惯教育缺乏,部分学生社会交往能力较弱,不能与别人进行良好的交往和沟通,课间活动习惯于追逐打闹,课堂注意力和专注度不高,学困生和问题学生的数量偏多。由于学习兴趣和动机不足,学习坚持性不够,使得其学习能力改善的幅度一般,学生不够张扬和自信,部分学生不能与别人进行主动沟通,说话声音较小,表达也不够完整和生动,在公开场合的表现过于局促、紧张,在区域活动和竞赛中的成绩一般。特长学生不足,而且不能很好地坚持,到了高年级仍能坚持特长培养的学生凤毛麟角。

3. 对问题学生的心理检测

通过对问题学生的绘画分析和问卷检测,9%的学生注意力涣散、自由随便;52%的学生多动,冲动、言语和行为暴力;31%的学生智力不足;4%的学生患阿斯伯格综合征;4%的学生孤僻。

(五)归因分析

通过上门家访、家校约谈、课堂观察和课下访谈,结合数据分析,我们认为造成这些差异的主要原因有四点。

1.父母受教育的程度差异较大

学校现有学生中,父母受教育的程度差别较大,尽管有部分学生的父母接受了程度较高的教育,学历在硕士乃至博士以上,但也有部分学生的父母受教育的程度较低,只接受过基础教育。

2.早期受教育的程度差异较大

通过对学困生的调查,我们发现,这些学生基本没有任何拼音、文字、计算或者艺术的基础。这些学生与同班的其他学生相比,学习的敏感度较低,速度较慢,每天都学得比较吃力,逐渐成为学习困难的学生。

3.家庭教养的水平差异性较大

在与家长沟通的过程中,教师最大的感受就是有什么样的学生就有什么样的家长。部分家长把对学生的教育完全寄希望于托管班和学校老师,家庭教育苍白无力。部分家长过于溺爱自己的孩子,对学生在学校的表现要么不管不问,要么无视学生身上存在的问题,找各种理由搪塞,与家校教育背道而驰。部分家长由于工作过于辛苦和繁忙,没有时间关注和教育自己的孩子,使得这些学生在学习习惯和人际沟通上出现了较大的问题。部分家庭父母关系和亲子关系疏离,孩子无人看管或由老人抚养,这种爱的缺失对孩子的心理和行为都产生了一定程度的负面影响,成为班级中的问题学生。

4.学校教师专业素养的差异较大

学校教师的素质还有比较大的发展空间,骨干教师的数量远远不能满足家长对优质教育的需求。由于学校教师对学生及其家庭的素质现状存在认知差异,对学生及其家长的需求存在沟通差异,使得班级之间、学生之间智慧关怀的程度存在一定的差异,师生关系、家校关系还有待进一步的改善。

第二节 基于学生差异的关怀策略

学校从教育实施的各种途径入手,梳理行之有效的智慧关怀策略与方法。其一就是以关怀管理为基础,从学校的教育特色入手,通过环境创设、经典诵读、课程建构等方面对学生进行文化浸润式培养;学校以开放办学为理念,在完善校务委员会和家长委员会组织机构的基础上,落实家委会工作联动机制、家长驻校办公机制及家长义工协同参与机制,定期例会,家长、师生全程、全方位参与学校管理,营造学校、家庭、社会三位一体的良好办学环境。

一、文化关怀显智慧

学校文化是学校的一种"教育场",它不仅能陶冶师生的情操,规范师生的行为,而且能够激发全校师生对学校目标、准则的认同感和作为学校一员的使命感、归属感,形成强烈的向心力、凝聚力和群体意识,同时,还能对学生起到潜移默化的教育作用。

(一)外塑学校文化

学校文化是信仰、价值和传统组成的"内在实体",必须通过一定的形式来表现,使之外化出来。比如以中国龙为图,以剪纸、中国结、书简、祥云等传统的文化标识为底,努力建构传统文化校园。学校文化主要分四个层系。

(1)大厅文化。一侧以校徽和中国传统的团龙剪纸为底,祥云为衬,校训为文,彰显学校传统文化教育的基本精神——文明智慧、融合和谐、奋进创新。一侧以微笑绽放为主题,展示学生在教育文化引领下呈现出来的积极向上的精神面貌,定期更换。

(2)楼梯文化。以龙纹、祥云为底,展示教师课余读书、课堂教学、课间陪伴、办公教研的常态,树立良好的职业风范。展示学校以社团和学校课程等形式开设的龙之课程,激发学生积极参与、奋进创新的精气神。

(3)走廊文化。一是学科文化长廊,包括科学长廊、艺术长廊、习惯长廊、节日长诵读长廊。二是五"悦"文化廊厅,包括音悦吧、悦己吧、悦美吧、悦乐吧、悦读吧。三是廊顶文化,包括融入中国传统的剪纸文化,融入海洋特色的海洋生物绘画,融入创新元素的航天科技,等等。

(4)处室文化。在体现乒乓球室、德育展室、艺术教室、图书室、阅览室、心灵小屋等专用教室功能文化的同时,为师生提供作品展示的舞台。各教室的智慧成长树、风采展示板更成为宣传渗透特色教育的良好平台。师生徜徉在浓郁的特色文化教育的环境中,处处彰显着学校文化育人的氛围与信念。

(二)内修学校精神

一串文化建设的细节,犹如一串晶莹的雨滴,打在"文化的青瓦"上,必会敲出一串心灵的叮当。学校面向全体师生、家长开展学校精神解读,在领悟"文明智慧、容合和谐、奋进创新"内涵的基础上,为学校特色发展建言献策,激发着每一个教师和学生的责任感、使命感和荣誉感。学校开设"我身边的榜样"专栏,评选学生好习惯明星,宣传教师研修成果,追踪校园文明实录,发现身边感人事迹,总结师生创新发明,教育典型此起彼伏,诉说着文化教育的共同愿景。学校先后尝试建立了剪纸、古筝、鸳鸯螳螂拳、古乐等特色课程,开展了二月二龙抬头、清明节画彩蛋、中秋节"圆"文化探究等富有传统文化特色的活动,每周一次的课程学习和丰富的展示活动,修炼着传统文化的精神内涵。

二、教学关怀增智慧

学校教学活动的根本目的是促进学生发展。在这里,学生既是教学活动指向的对象,又是自身发展的主体。学生差异既是一种客观存在,又是一种价值定位,一切有效的教学都必须建立在充分考虑学生差异的基础上,学校研发了"基于学生差异的智慧关怀策略研究"备课模板和《智慧课堂评价指标》,通过学情分析、目标分层、策略导航、反思分析等备课板块,针对差异智慧备课;学校通过推门课、优质课、每人一堂课等活动,实施课堂观察,梳理基于学生差异的智慧教学的有效策略。

1. 合作学习

"三人行,必有我师焉。"课堂上表现出来的合作学习主要作用在两个层面,一是自主学习层面的同位或者小组合作,包括分角色朗读、预习检查、合作完成难点问题等等。二是交流层面的同位、小组和各层级学生的合作,包括问题交流、赏读评价、预习单交流、答案补充等等。通过对《课堂互动学习观察单》和《课堂环节观察单》分析,以语文学科为例,我们发现语文第一课时比较合理的时间分配为自主学习 14 分钟左右,合作学习 7 分钟左右,交流学习 19 分钟左右。有效的合作学习须基于学生课前充分的预习,所以预习单的设计或者预习习惯的养成十分重要;有效的合作学习一般出现在课堂自主学习之后,也就是说合作是基于个体思考之后的合作。

2. 自主学习

课堂上预留出充分的自我学习的时间。通过《课堂自主学习观察单》观测,就语文学科而言,课堂自主学习的环节一般有 7 个左右,包括预习卡交流;同位合作读词和短语;自由读,整体思考课文的主要内容;精读课文某一或某几个段落,勾画问题答案或者批注学习;选择适合自己的学习单完成某一部分的学习任务;选择自己喜欢的段落,合作朗读;选择适合自己的学习单进行仿写练习等。

3. 任务单驱动

通过学习任务 AB 单的设计尽可能多地关注个体。课堂上，老师们将重点知识的学习以任务单的方式分成 2～3 个层次，比如五年级上册《秦兵马俑》一课 A 单为"哪一种秦俑最吸引你？写一写吸引你的理由（选择 1～2 种，谈整体感受）"；B 单为"选择 1～2 种你喜欢的兵马俑，写写作者运用了哪些描写方式，突出了它的个性鲜明？"学生自主选择适合自己的学习单。需要指出的是，只要完成自己选择的学习单，所得的学习奖励是完全一样的。通过《课堂教师提问观察单》《课堂学生回答观察单》《学习目标达成观察单》的分析，我们发现学习单的设计具有三大价值。其一是最大限度了激发了学生的学习兴趣，勇于挑战对自己的能力定位。其二是实现了不同任务学生之间的合作交流，在交流中最大化的达成学习目标。其三是当部分学生挑战自己的能力定位时，由于心里明白但表达不出来的现象，这时其他学生会忍不住的小声提示，挑战成功后师生会情不自禁地以拥抱或者鼓掌的方式进行激励，实现了学生之间和师生之间的心理互动。

4. 微课赋能

教育不仅需要技术的支撑，更需要技术的改变，基于信息技术环境的学习方式应运而生，也让课堂的"翻转"成为可能。从学生实际需要出发，短小精悍、生动形象的微课，引起了家长、学生的广泛认可和热烈响应。

（1）作为一种个性化学习的良好尝试，微课打破了拘泥于课堂 40 分钟的局限，可以在课前、课中和课后使用，既可以在学校使用，也可以在家中使用，由学生、家长根据自己的需要来选择使用，这种学习空间的开放性、学习地域的灵活性、学习机会的选择性使得知识的学习最大限度地尊重了学生以及家庭的差异，为学生的个性化学习提供了更大的支持空间，为家长的个性化辅助提供了便捷的帮助平台。

（2）微课不是某个知识点或者课堂环节的视频在线，而是体现了学习个性化和知识内化的交互性，先学后教，以学定教。这就要求教师在制作微课时，要清楚微课制作的目标和意图。一是选择好微课使用时段，同样的学习内容，预习、学习、复习目标各不相同，设计也不尽相同；二是要考虑到不同学生的不同学情和学习需要，努力做到基于学生差异的分层学习甚至是一对一的指导，鼓励一个知识点的多种教学方式，一个题目的多种解法，一种学习方法的多种巩固方式的微课设计。

（3）微课具有教学时间较短，教学内容精，资源容量小，构成"情景化"的特点，生动形象,互动性强,学习效果明显。比如语文的高效记忆方法微课,运用生动形象的画面帮助学生记住了课文、理清了顺序,运用这种高效背诵的方法,原本需要30～40分钟才能完成的一篇课文背诵,现在仅需5～10分钟,省时高效。再比如数学学科从一道题入手制作的两节微课,一节是一题多解,面向学习能力强的学生,进行知识拓展和思维训练;一节是精讲多练,面向学习有困难的学生,进行细化讲解和巩固训练,让学习程度不同的学生自主选择、自主学习。还有德育的好习惯培养——课前准备课,好技巧分享——手抄报制作,则是通过老师、学生现身说法的方式,将课前准备礼仪进行了细化培养,连拿完书本要随时拉上书包的小小细节也不放过。将手抄报制作的技巧进行了细化培训,连用什么样的笔渲染也一一列举。而家长职业微课在给全体学生进行科普知识教育的同时也渗透了职业生涯教育,解决了以往受制于空间、时间的限制,不能面向全体教学的弊端。

5.教学评一体化

(1)小组学习评价单。

小组学习评价单,其中不仅有对学生在小组活动中朗读、练习、拓展环节的评价,同时还关注了学生的课堂参与和学习习惯的评价,借助表格既可以让学生及时发现自己的成绩和不足,也便于教师及时了解小组中每个学生的差异及小组间的差异,并针对这些差异探索更有效的教学策略。评价单既能体现对学生个体的评价以及对小组学习的整体评价,又能激发课堂上学生之间、小组之间的竞争,每节课的获胜小组都会得到老师的"免作业卡",这样就更有效地调动了学生学习的积极性,让学生在乐中学,在学中稳步成长。

(2)知识学习评价单。

语文学科设计了作文预习评价单,其中不仅有全体适用的作文标价标准,还有能一目了然的等级评价,以及针对学生个体进行的指导性激励性的评价语——老师的话。这样既便于学生在写作时参照评价标准进行写作,提高写作水准,又便于教师进行全班的统计量化,指导分层教学;还可以针对学生进行一对一的指导,一举数得。

(3)个性评价语。

课堂上师生的互动离不开教师的评价语,通过对教师评价语的跟踪观察,我们可以发现教师的评价语既有对学生学习习惯的评价,也有对学生学习方法和学习内容的评价,还有对学生学习态度的评价,这些生动的、激情洋溢的评价语体现了评价诊断性、及时性、激励性、渲染性、导向性的作用,更尊重了学生的差异,实现了对学生的智慧关怀。

教师评价语观察单

观课角度:教师反馈角度(① 及时性　② 诊断性　③ 激励性　④ 导向性　⑤ 渲染性)
观察人:　　　　　　　课题:秦兵马俑　　　　　　　执教教师:

序号	教师评价语	
1	你找得很好,用了从网络查资料的方法。	④
2	对,今后我们也要学会找出过渡段。	④
3	嗯,我们把这种方法叫作列数字。	①
4	表扬你能够联系上下文,抓住关键词语来理解课文。	③
5	通过大家的介绍,我们真正感受到秦兵马俑的类型众多。	②
6	她抓住了兵马俑的神态。	④
7	你来补充。	②
8	我们的同学多棒呀!通过自主学习和小组交流就能学习这篇课文。	③
9	说得真好!	③
10	表扬你通过与同学的交流感受到了兵马俑的雄壮。	③
11	你来帮帮他!	②
12	你能看出团结,真了不起!	③
13	说得非常好!	③
14	很好!这是你的想象。	①
15	我听出了同学们的骄傲和自豪。	⑤
总体评价	整堂课的教学评价语及时到位,目的性强,每一个评价语都以教学目标达成为基点,与教学环节紧紧相扣。尤其是在导向性方面,当基础不足的学生回答不完整时,教师能通过评价语及时做出诊断,并进行有效的补充。通过评价语提示学生总结出搜集资料、抓住关键词语理解课文、展开想象的学习方法,引导学生学会自主学习。	

三、多点德育燃智慧

学校研发"好习惯存折",实施特色化学生评价,开展丰富多彩的德育活动,通过对活动的设计、活动效果的反思,梳理发现有效的德育关怀策略。

(一)诵读点坚持道德练习

"结构化方式道德教学论"认为即使是最高尚的道德,也可以通过不间断的道德练习来掌握和内化。学校分年级研发了《经典诵读手册》,面向师生和家长每月荐书,每周开展晨读午诵、全时空阅读活动,每学期举办诵读展示、图书交换和"状元、探花、榜眼"挑战赛,让孩子们浸润于中华传统文化、道德与礼仪中。学校还基于学生素质现状,提出了"四(静、净、竞、敬)十礼(上学礼、上课礼、课间礼、做操礼、如厕礼、就餐礼、集会礼、观众礼、放学礼、交往礼)"训练目标,以"中华礼仪诵"为主题,通过每周国旗下展示,落实每一项礼仪达成目标。

(二)活动点注重多项选择

学生的成长不是靠教师的说教,而是靠学生自己的活动。学校开展了"二月二"龙抬头、清明节、端午节、中秋节、重阳节、春节等富有传统文化特色的主题德育活动,形成了小龙人节庆序列,采用了两个策略,一是教师基于学生身心发展规律和需求,分年级设计不同活动,二是学生基于自身发展优势和兴趣,分团队选择不同活动,比如中秋节的活动就分"中秋赏月做花灯""中秋寄月写书信""中秋读月诵诗词""中秋竞月猜灯谜""中秋托月托球舞""中秋探月说'圆'字"六个版块,做到了100%自主参与,100%自信发展。

(三)习惯点注重自我养成

学校基于学生年龄习惯培养的差异,基于学生认知能力和学习水平的差异,分低、高两个学段,从学习、生活、做人三个层面分别梳理了基于校本的24条好习惯,比如学习习惯中的上课听讲坚持"五到二不":心到、眼到、耳到、手到、口到,不受别人干扰,不影响他人。生活习惯中的个人卫生要讲究,做到上学前,面孔净,鞋袜洁,衣着整。在校午餐有规矩,餐具洁,桌面净,多吃水果多饮水,不带零食进校园。做人习惯中的学会使用"请""你好""谢谢""对不起""没关系"等礼貌用语,见到老师、客人等主动问好。进办公室喊"报告",清楚表达来意,双手递接物品。能正确认识自己的优点和缺点,言行举止落落大方,相信自己一定能行等,并以存储的方式记录学生的点滴进步,激励学生在积累中养成良好的习惯。

(四)家校点注重教育引导

学校建立了家校合作社,针对学生差异实施了以下引导策略。

一是开放图书室、悦读吧,面向家长开展"每月荐书""把悦读请进家"等活动,引导家长在读书中提升个人素养,提高教育理念。

二是通过家委会定期推选、例会座谈,家长会等通报学校工作计划、进行学校工作总结、开展专题讲座、问卷调查等引导家长了解、关心、认同学校教育,关注家庭教育,努力做到家校的有效衔接。

三是学校体育节、艺术节、科技节、教学节,家长一起参与,春游、运动会、图书交换、健康午餐等活动,家长义工一起监督,以丰富的活动建构家校互动的平台,引导家长认识到自己在学生成长中的作用,学会与孩子进行良好的沟通。

四是家长走进课堂,开设"家长职业日"、家校微课。如昆虫科普讲座、时间管理、海洋探究、动车探秘等引导学生在大开眼界的同时增长知识、培养能力,渗透生涯教育。

五是教师走进家庭,通过温情助学行动、家校约谈行动、好习惯教子良方征集等引导着每一位家长掌握有效的育子方法,提高家庭教养的水平。

四、存储评价育智慧

要加大道德精神影响的力度,就要加大课程和活动反馈中的道德评价容量和显性评价手段。如学校发挥评价激励、引导、发展的作用,形成了印、币、状、卡、旗评价序列,序列遵循三个策略:一是阶梯发展策略,倡导每天前进一小步,拼搏创新不停步。全校人手一张好习惯存储卡,每日积累好习惯,满十进一,人人求发展。二是特长发展策略。学校印制了行为、学习、活动等六种存储币,奖励孩子在各方面优异的表现,让不一样的我一样优秀,成就最美丽的自己。三是群性发展策略。倡导我为人人,人人为我,既分个人评价积累系列,又分集体评价奖励系列,二者互相关联、随时转化,培养学生互帮互助、热爱集体的群性发展意识。学校每学期都会累计学生、教师、家长的良好表现,评选最美学生、教师和家庭,让做最美的我成为学校的发展愿景和行动指南。

第三节　基于学生差异的关怀思考

一、适合的就是最好的

(一)发现差异,尊重差异

学生来自不同的家庭,拥有不同的兴趣,不能保证同一个学习内容同时符合所有人的需要;学生学习的速度有快有慢,适合某些学生的教学可能对其他学生过难或者过易,学生不可能用相同的方式学习,做同样的选择或者拥有完全一致的学习特点。学生对同一知识的掌握程度不一,学生的知识结构自然也会有所区别。

（二）自主选择,差异共享

当学习内容对个体具有意义并且处于学生的最近发展区内时,学生愿意迎接来自学习的挑战;分层学习单的设计实现了学习内容与学生的发展水平相适应,使得学生能按照自己的学习风格学习,有自主选择的机会和体验自主感。课前预习单的有效策略启示,新知识构建在学生已学知识的基础上,温故才能知新;而合作学习的教学策略则充分证明了学生需要不同的帮助来达到集体和个人的学习目标,学生会因为学习任务的不同而选择不同类型的合作伙伴和合作方式。总之,基于学生差异的智慧关怀策略告诉我们,适合的就是最好的。不管是文化关怀、分层教学还是多点德育、存储评价、个体辅助的策略,都是从学生的现状出发,因地制宜量体裁衣,从群体和个体的角度努力选择和创造适合学生的教与学的方式,努力设计和建构适合学生成长的活动与评价方式,努力创造最适合学生发展的教育。

二、教书育人在细微处

（一）关注细节,给予关怀

不论是建构文化教育体系进行传统文化的浸染,还是课堂教学中的智慧尝试以及通过多点德育、个体疏导所开展的智慧关怀的尝试,都是努力关注了教书育人的细节,努力给予学生最大程度的智慧关怀。

我们无法决定学生出生的环境,也无法全部解决他们成长中的所有的困难,但我们可以在每天和学生朝夕相处的时光中,发现每个学生身上的闪光点,给予他们希望和梦想;发现每个学生存在的小瑕疵,努力帮助他们改正和改变,发现的前提是关怀,给予的过程是关怀,改变的结果更是关怀,没有关怀就没有教育的改变和发展。

（二）动态评价

新行为主义理论强调,人们的行为不仅取决于刺激的感知,而且也取决于行为的结果。当行为的结果有利于个人时,这种行为就会重复出现而起着强化激励作用。如果行为的结果对个人不利,这一行为就会削弱或消失。所以在教育中运用肯定、表扬、奖赏或否定、批评、惩罚等强化手段,可以对学生的行为进行定向控制或改变,以引导到预期的最佳状态。因此,在实施策略的过程中,评价是推动关怀策略良性发展的有效保障,这也是我们建构学生特色教育评价层系的初衷。

三、成就学生就是发展教师

（一）研究有态度

从客观面对差异到科学分析差异，我们经历了从模糊认识到量化分析的衍变。问卷、测量、访谈、约谈、观察是对学生差异做出科学诊断、分析与归因的有效方法，这些方法的有效衔接，是课题研究良性推动的有力保障。从冷静审视差异到真正尊重差异，教师的研究态度发生了质的改变。理解、接纳、沟通、改变，这些基于差异尊重的研究方式，是对学生进行智慧关怀的重要前提和良好基础。

（二）研究有成效

文化关怀、适切教学、多点德育、存储评价和个体辅助作为基于学生差异的智慧关怀的有效策略，在一定程度上推动了学校学生的良性发展，实现了学生、教师、家长以及学校的转变和提升。对全体师生家长进行的文化关怀，使之在了解、传诵、体验传统文化知识、礼仪和精神的过程中，提升了人文修养。采用预习单、学习单、评价单、观察单进行的教与学方式的探索，使课堂发生着悄然的改变，学生学习动机明显增强，学习效能有所提升。基于诵读点、活动点、习惯点和家校点的多点德育，百花齐放、百家争鸣，让更多的学生有了展示和表现自己的机会，使学校德育彰显了立德树人的本质，成为成就学生的良性平台。存储评价运用多样化的评价方法，注重了评价内容的多样性，将教育评价的导向、诊断、鉴定、激励、调节作用努力发挥到极致，突出了评价对象的主体地位，推动了评价主体的能动发展。面对问题学生的个体辅助已经从学习关注发展到心理干预的层次，手段的科学性也使得关怀的有效性程度越来越高。

自主选择、差异共享、动态评价是研究呈现出来的本质特征。没有选择就没有差异，也就没有基于差异的智慧关怀。差异是一种客观存在，更是一种有价值的关怀资源，展示差异，共享差异，才能在充分的交流分享中实现个性和全体的全面发展。基于学生差异的智慧关怀过程是预设性与生成性辩证统一的过程，始终贯穿着充满生命力和创造力的动态评价。学生关系、师生关系呈现出积极、健康、平等、善待、互助、共进的状态，在一定程度上既实现了个体的有个性的优质发展，又实现了相互悦纳、相互融合的群体和谐发展。

（三）研究有后续

受制于班额的限制，课堂教学虽有趋于个性化研究的趋势，但离真正的个性化教育还有一定的距离,随着第四次工业革命的崛起,我们要借势蓄能,借助大数据把学生的学、教师的教变得更科学,追求更高的效率、更好的效果、更大的效益。借助人工智能实现教育的数字化转型,用智慧来教育。这个智慧不是简单意义上的聪明才智,而是绿色、便捷、智能、舒适、安全和开放的代名词。这意味着教育系统的智能化管理,教育环境的智能化建构和培养策略的智慧化分享,让学生学习得更主动、更愉快、更高质,让教育更个性。

第 六 章

特殊学生的智慧关怀个案

第一节 基于特殊学生的关怀策略

《萨拉曼卡宣言》曾指出,"每个儿童都有其独特的特性、志趣、能力和学习需要;教育制度的设计和教育计划的实施应该考虑这些特性和需要的广泛差异。"而特殊教育就是对有特殊需要的儿童进行旨在达到一般和特殊培养目标的教育,最大限度地满足特殊儿童的教育需要,努力使他们在增长知识、获得技能的同时,完善人格,增强社会适应能力。

一、个体关怀行动

(一)从定向关怀到助学帮扶

学校开展了注意力、绘画、沙盘等心理培训,引导教师尊重差异,研究差异,实施智慧关怀。学校教师每学期定向选择 1～2 个关怀对象,通过对这些学生连续的观察与访谈,教育和交流,矫正并培养孩子良好的习惯和品质;在此基础上,建立心灵小屋,开展"助学行动",通过仪器和沙盘,对特殊学生实施团队辅导和一对多、多对一家校约谈,探究心理疏导、行为矫正、知识辅导的关怀策略。

1. 观察细致看门道

观察既包括对学生行为表现的看,也包括对学生问题产生原因的了解。这个看"门道",就是从自己确定的关怀重点出发,通过了解学生的家庭、生活,或前期学习经历等状况能够准确把握学生的问题所在,做到对症下药。

案例:班里有一个很乖巧、很柔弱的小女孩,她上课听讲很认真,可是让我感到苦恼的是每次考试成绩都在及格线左右晃悠。我找到她去年的班主任了解了一下情况,知道这个女孩家庭情况比较复杂。于是我决定先从她的家庭开始进行调查。巧的是她妈妈也主动来找我,跟我讲了好多她的家庭情况。爸爸妈妈在她很小的时候就分开了,由于大人之间的矛盾造成了孩子内心的早熟,经常会徘徊在应该相信奶奶的话还是妈妈的话这样的矛盾中,导致上课注意力经常不集中。了解了这些情况以后,我很同情这个小女孩,从那以后不再一味地去怪她考试考不好,而是深入她的内心世界,经常陪她一起玩,送她小礼物,给她讲讲不会的题目……久而久之,她的成绩慢慢地好起来了,性格也慢慢地开朗起来。直到有一天,我收到了她亲手制作的一张卡片,上面写道:王老师我爱你,你是我的好妈妈。

以上案例告诉我们,所谓的"学困生"其实有多种多样的学生,也有多种多样的表现形式。要解决后进生的问题必须从每个孩子的实际出发,潜下心来,俯下姿态静心处理。爱是一种最有效的教育手段,爱的情感可以温暖一颗冰冷的心,可以使浪子回头。当学生体验到老师对自己的一片爱心和殷切期望时,他们就会变得"亲其师而信其道"。

此外,在教育转化工作中应尊重后进生的人格。教师应处处从学生特点出发,事事为学生的发展着想,研究他们,了解他们,并引导他们实现自我,这才是真正的良师。

2. 个别谈话讲方法

案例:记得五年级刚接这个班时,我就发现我班有个男孩子,他总是低着头,上课无精打采,提不起一点学习的兴趣。一上课就开始画画,老师课堂提问,他缄默无语。家庭作业要么全留空白;要么乱写一气,全是错别字,甚至连组词以及简单的加法也是做得错误百出。学校的很多老师都认为,这孩子基础太弱,性格内向,而且缺乏最起码的上进心,又到了高年级,提高看来是无望了;只要他遵守纪律,上课不影响别人,就行了。于是,我找他谈话,希望他能遵守学校的各项规章制度,以学习为重,按时完成作业,知错就改,争取进步。他开始是一副爱理不理的样子,后来口头上答应了。可他又一如既往,毫无变化,真是"虚心承认错误,就是坚决不改"。此时我的心都快冷了,但又觉得身为班主任,不能因一点困难就退缩,不能因一个学生无法转化而影响整个班集体。我决定从先让他认识自己的错误做起。

于是我再次找他谈话:"老师为什么会常常批评你,你知道吗?"他说:"因为我常违反纪律,没有按时完成作业,书写也不工整……""你已经认识了自己的错误,说明你是一个勇于认错的好孩子,但是,这还不够,你觉得应该怎样做才好?""想改正错误吗?想做一个受他人欢迎的孩子吗,你要怎样做才好呢?""我今后一定要遵守纪律,团结友爱,认真完成作业……""那你可要说到做到哟!""好!"

于是，当他有一点进步时，我就及时给予表扬、激励，使他处处感受到老师的关心。为了提高他的学习成绩，除了在思想上教育他，感化他，我特意安排一个责任心强、学习成绩好、乐于助人、耐心细致的女同学跟他坐，目的是发挥同桌的力量。事前，我先对这个女同学进行了一番谈话：要尽你自己最大的努力，耐心地帮助他，使其进步。此同学满口答应，并充分利用课余时间或课堂时间帮助他，教育他。有时，该女同学也会产生一些厌烦情绪，说他不太听话，不太乐意学⋯⋯此时，我就跟她说：要有耐心，慢慢来。后来，他取得进步时，除了表扬他，我还告诉他，这也离不开同学们的帮助，特别是该女同学的帮助。他说："同学这样关心我，爱护我，帮助我，如果我再不努力，对得起她吗？"我笑着说："你长大了，懂事了，进步了。我真替你高兴。"从那以后，他学习上更努力了，纪律也好了很多，甚至自己当起了值日生，主动为班级做贡献了。

以上案例告诉我们，作为个体关怀中比较常用的做法，除了语气亲切、态度和蔼，一些有效的谈话往往具有这样几个特点：① 谈话的目标十分明确；② 每次谈话涉及问题的点小而具体；③ 谈话中巧妙地运用"迁移法"；④ 巧借学生感兴趣的话题使谈话效果事半功倍。

（二）从"责任"学生到导学行动

学校教师认领"责任"学生，实施全方位的个体关怀，建立跟踪电子档案，包括一开始的学生基本信息录入，每月一篇的关怀跟踪故事，随时进行的家校沟通记录、沙盘辅导记录、同其他学科教师交流了解到的信息、每次进行的质量检测或作业评价、每次开展德育活动的表现记录等等，一幅幅照片，一篇篇故事，一个个数字，让我们看到了老师对学生心灵的关怀。学校还聘请心理专家，专门进行了沙盘入门培训，并针对老师沙盘辅导中的问题，及时进行了操作辅导。同时我们还建立辅导导师制，全校总动员，在优质生、提质生、潜质生中开展"导师一日行"活动，分别设计相关内容的试卷，进行对口批阅与指导。从教师的研究实践看，单独辅导也是需要有效策略的。

（1）根据学生出现问题的不同原因选择不同的辅导方法；有效的做法通常是浅显明白地帮学生分析原因后，重点放在给孩子一个明确的方法，清楚地告诉孩子应该做什么、可以怎样做，并和孩子一起完成初次的尝试，及时反馈效果。

（2）单独辅导进度因人而异，针对学生个体特点巧抓时机，增强单独辅导的效果，更要体现循序渐进的过程，为学生制定分段提升目标。

二、差异教学行动

特殊学生往往是孤独的,只有打破这道界线,让他们回归到人群中去,像普通人一样工作、生活,他们才能真正开始自立。而这样的融入,显然越早开始越好。为此,我们针对特殊学生,尝试设计与其他学生不完全相同的学习单。这些学习单在学习内容上与其他学生大致相同,但却融入了更多的导学与导行策略。

如针对生字学习障碍的一年级学生,我们在学具和学习单上设计了大量的辅助图片,帮助这些学生理解字义,认读生字,尽可能跟上全体学生学习的步伐。针对行为多动的孩子,通过自我评价、同位评价、教师评价、家长评价等"评价集赞有好礼"的活动,帮助学生尽可能地约束自己,引导自律。再如,面对写字特别不好看的学生,每次都采取面批、范写的方式来指导,分别从间架结构、占格位置、关键笔画一笔一笔的来教,每次有了进步,就使劲儿的表扬,这样学生写起字来就不会感觉是一种负担。经过一学期的努力,这些同学在书写方面都有了明显的提高,

通过这些实实在在的行动,学生的面貌有了很大的改观。他们逐渐变得快乐而有自信,在一定程度上融入了学校的生活,有了自己的朋友。

三、科学干预行动

人的心灵只有在分享、关心、交流、理解、实现的过程中才能健康成长。学校与专业机构合作,建立了心灵小屋,配有小学生心理健康检测系统、沙盘、团体心理辅导箱、益智及思维拓展训练教具、注意力集中能力测定仪、记忆广度测试仪、哈哈镜等,利用每周一二下午的第三时段由专业教师借助仪器和工具对这些问题学生进行心理的干预和疏导,帮助学生意识到自己的问题,不断的矫正自己的行为。

案例:一年级新生入学不久,我就发现班中一名男生行为有些特别。课堂上坐不住,东张西望做小动作,课下又东跑西窜违反纪律,对同学极不友好,经常是打这个同学一拳,踢那个同学一脚。起初,我认为孩子可能刚入学,还仍然处在幼儿园的游戏中有些顽皮罢了,便对他进行了一般的说服教育,结果,不但没有改进还越发严重了。一天之内竟有七八名学生来告状:"老师,××打我了!""老师,××用脚绊我了!"……为了避免他打同学,我的视线时刻不离开他,利用课间对他进行讲道理、举例子,说服教育,就连送放学路队时也把他拉到身边一起走,但毕竟不是他心甘情愿改变自己,当我问他为什么打人时,他竟说:"哥哥就是这么对我的!"孩子的这句话让我感到:要想真正地帮助他、教育他,必须走入他的家庭、走入他的成

长环境,走入他的心灵世界。

进行家访

我见到了孩子奶奶,了解到他父母工作一直很忙,孩子大部分时间和奶奶生活在一起,同住的还有一个上中学的堂哥,一回家就跟弟弟打闹,东一捶、西一脚,没深没浅的,还让他在地上打滚,而奶奶年事已高,哪里管得了?我又几经周折见到了孩子妈妈,得知他在幼儿园就是让老师头痛的孩子,没少挨家长训斥和打骂,但始终没有好转,现在的他好像把打闹当成一种习惯,用奶奶的话说就是哪天不打闹,心里就痒痒。我明白了,孩子是缺少正确的引导和家人的关爱,长期受不良环境的影响,听到的又大多是斥责,所以心灰意冷,走上了极端。我决定从让他感受到关爱开始,唤回他的天真本性,父母也同意无论工作多忙,多与孩子交流,不再打骂。

集体关爱

由于他经常动手,同学们对他是又怕又恨,其实他本人也很苦恼,怕孤独。基于这一点,我发动全班同学都来关心他,并指出:"他现在很想改正,但有时候控制不住自己,我们应该拉他一把,不让他掉队!你们说对不对?"一年级的学生特别热心天真,他们大声喊出:"对!"下课之后,就有几名男生主动跟他和好,这让他感到有点激动。我也感受到了营造互信班级氛围的重要性。让爱融入心田,对班集体产生归属感,从而激发改变的力量。

奖励诚实

这一天,没有同学到我这里告状,我在班中表扬了他,并发给他一枚守纪律奖章。班中的奖励制度是集齐了5枚奖章就可以在评比栏中获得一个大苹果奖章,这对于一年级的学生来说很有吸引力。而出乎我的意料之外,他又把那枚奖章还给了我,说不要。细细地问他,他不作声,最后说出了一句话让我十分感动:"我觉得自己做得不好,今天我还是和一个同学动手了,不应该得到奖章。"透过这句话,我看到了一颗自尊、诚实、坦率的童心,我更坚信了他能够改正不良习惯。我抚摸着他的头笑着说:"你愿意对老师说心里话,这枚奖章奖励你很诚实!最近你确实努力了,比原来有了很大进步,坚持住哦!"说着我把奖章又放回到他手心里。他攥着奖章,一蹦一跳地走到座位旁,仔细地把奖章放进铅笔盒里,异常兴奋!

转移兴趣

我开始继续寻找他身上的闪光点,帮助他找回自我,树立他在同学中的威信。他的字写得比较端正,我就抓住这一点,让他到黑板上现场展示他的"书法小作品",同学们开始是惊讶,进而是赞叹和钦佩,××有了值得他骄傲的事了,兴趣也由与同学打闹转向了学习。我又奖励了他一枚学习奖章,他眼睛里闪着亮光。我与××还有个约定:每天跟我说说自己的进步或不足。渐渐的,他愿意来找我说悄悄话,把我当成了他的大朋友,而在这以前是不可能的。我意识到:及时发现学生身上的闪光点因势利导,可以激发学生内在的动力,提高自我约束能力,树立自信。

持之以恒

对该生的心理疏导不能操之过急,要循序渐进,以鼓励表扬为主,例如:有几天没碰同学了,就奖励一枚守纪律奖章;上学不迟到,奖励一枚守时奖章;有一次下课后他主动擦黑板、倒垃圾,得了一枚劳动奖章……有一天放学时他跑到我身边,悄悄告诉我:"我已经集齐5个奖章了,我也可以在评比栏中获得大苹果了!"我抚摸着他的头说:"继续坚持下去,老师相信你能做得更好!"

建立家校联系本

最初的一个月,为了让孩子的好习惯巩固下来,我每天都与××的妈妈进行电话交流或短信沟通,了解孩子的情绪变化和行为动向,及时调整自己的教育方法。后来又建立了"个人成长小记录",与其他任课教师取得联系,将每节课的表现记在成长本上,记录进步与不足,每天让孩子带回家给家长看,家长也把孩子在家的表现记录在本子上,第二天带回交给老师。在家长、学生、老师们的共同努力下,××的行为习惯和学习习惯都有了质的飞跃!

巩固训练

好习惯的形成需要一个过程,避免反复需要进行巩固训练。首先,我请他给自己制定一个周目标,把定好的目标放在铅笔盒里,每天早上读一读这个目标,回顾自己的行为,看看有没有完成,如果没有完成,找找原因。其次,在他实现目标的过程中,只要发现他做对了什么,我就给予肯定和鼓励。因为孩子的良好表现有赖于美好的情感体验,当他心情愉悦的时候,才有行动的积极性。你越是经常性地表扬孩子做对了什么,即使他的行为并不完美,他也会越快地欣赏自己,下次争取做得更好,表扬的目的也就达到了。在发现闪光点后,我先具体说出他做对了什么,再清楚地告诉他这件事带给我很快乐的感觉,沉默几秒,让他体会到我的高兴,从而调动起他行为的自觉性。

在他犯错误的时候,我适度进行批评。批评是为了成就,而不是伤害。首先,态度诚恳,真实地指出他的不对之处,同时还要表达出"这件事你做错了,但老师还是很喜欢你的"。对事不对人,让他对自己的行为感到难过,但同时保持良好的自我感受,知道老师是在为他好。一个真正擅长教育学生的老师应该知道如何让孩子们学会自尊和自律,学会承担责任。重要的不是孩子在你面前的表现,而是他们在你背后的表现。

通过一学期耐心细致的教育,他逐渐改掉了不良习惯,并在期末取得了双优。孩子妈妈紧紧握住我的手说:"孩子真是变了!"

以上案例说明,一年级的学生可塑性是很大的,只要老师有足够的耐心关注他们的每一点进步,并加以鼓励和正确的引导,便会激发出他们身上所有的潜力来改掉不良习惯,将良好的行为内化成一种高尚的道德品质,形成健全的人格。反思案例中对学生的心理辅导过程经历了:家访了解行为成因→发动全班同学展开集体关爱行动→转移他的兴趣→寻找适合的切入点帮助他树立自信→寻找其闪光点加以鼓励→严格要求→建立家校联系本→巩固训练几个步骤。爱是转化的法宝,心灵创伤只能用心灵的温暖来医治,时刻把握"鼓励为主,帮助为本,关爱为根,尊重为基",这是教育的艺术,更是尊重学生的高层次体现。这种爱不是溺爱,而是亲切充满理智的爱,它是师生心灵沟通的纽带,更是学生心灵呼吸不可缺少的氧气!

面对特殊学生,需要我们付出更多的爱心、耐心和慧心,让教育因教师的存在而更有价值。

第二节　特别的爱给特别的你

一、大眼睛男孩的故事

(一)特别的他

这个小男孩个子不高,长得机灵可爱,特别懂礼貌,在我的课上总是主动发言,积极性很高。但是如果哪一次你没有叫他发言,他便会生气地将铅笔扔在桌子上,甚至有时嘟嘟囔囔得发一通牢骚;如果没人搭理他,接着就大哭起来,而且越劝越哭,越哭越凶。有时在学校跟同学为一点小事就与同学发生争执,吵不过别人就心情不好,谁也不理。而且这样的事情时有发生,并且为一点小事,都会影响到他一天的情绪。如果你问他为什么会这样,他会把错误全部都推到别人的身上,说别人怎样对待他,从不说自己是怎样做的。下了课,就愁眉苦脸地独自待在一边。小朋友跟他说话,他也不理。我问他为什么这样?他说:"他们都不喜欢我,我讨厌他们,不想和他们说话,没有一个人喜欢我。"说完又大哭起来。不用说,肯定又有什么事让他想不开了。

还有一次,体育课上大家练习快速接力跑,他因为有一点胖,所以比别的小朋友跑地慢一点,结果自己小组输给了别的小组,这时,其他同学就不高兴地说了几句,他本来自己就很懊悔,让其他同学一说,他心里就更不高兴了,认为大家都指责他,讨厌他,一气之下自己就向校门外跑去,嘴里还哭喊着再也不要上学了。幸亏被其他老师及时拦住了,要不然后果真不敢想象。

（二）原来如此

看着眼前这个可爱的孩子,我告诉自己必须帮助他。别人的孩子上学都是高高兴兴的,唯有他整日弄得自己不开心,真是看在眼里,急在心上,如果这样继续下去,无论对他自己还是对班里其他学生的心理发展都是不利的。决心已定,我觉得先从家访入手,从父母的交谈中我了解到他这种特殊心理形成的原因。

（1）从小养成了以自我为中心的习惯,老觉得别人就应该关注我,以至于他从不在乎别人的感受,导致与人交往的困难。

（2）父母对孩子的要求很严格,事事让他争第一,造成了他争强好胜的性格。别人比他强,他就会受不了,以乱发脾气来发泄心里的不满。甚至用一种消极的态度来对待他认为自己不行的事情。

（3）他擅长绘画,作品多次在省市地区获奖;围棋、英语、朗诵也样样精通,他思维敏捷、反应快、接受能力强,这些都是与父母的教育是分不开的。每当他取得了成功,父母就非常高兴;孩子做得不够完美,就大加批评。孩子受这种情绪的影响,认为只有争第一才是快乐的;如果失败了,则是一件特别难过的事情,难过到不知怎么办才好。

（三）请让我来温暖你

（1）首先我针对他难以与人交往的问题入手,先调整他和周围同学的人际关系,让他在活动中学会与人相处。课下我经常带领他和其他同学一起参加课间游戏,把最好的机会留给他,帮助他在其他同学面前树立起一点自信。有时做得不好,我也鼓励他,让他放下心里不开心的想法,投入集体活动中,帮他重新找回属于童年的欢乐。同时也与全班同学达成共识,一起来帮助他找回快乐,让他感受集体的温暖和欢乐。

(2)针对他事事以自我为中心的问题,我采取了摆事实讲道理的方法,单独与他谈心,和他做朋友,消除我们之间的距离感。通过每一次的谈话让他明白不管是老师还是同学都非常喜欢他,没有人认为他不好。同时,我也通过讲故事、讲道理让他知道,别人承认你好的同时,也应该看到别人的长处,承认别人的存在,因为社会本身就是由一个个人组成的大家庭。如果凡事都以自我为中心,不管别人的感受,别人会离你越来越远。如果想让别人都佩服你,喜欢你,除了严格要求自己,更要在别人有困难时主动帮助,这样大家才会记住你,才会赢得更多的尊重和友谊。

(3)针对他爱用哭闹解决问题的心理,我首先在班里帮他树立威信,以正面鼓励为主,不在同学面前批评他,有事情下课单独面谈,发现问题及时解决。但有时候他还是遇到解决不了的问题爱哭,我就明确告诉他,不管哭得有多厉害,我都不会理他,等到什么时候不哭了,再来找我。慢慢地他自己也发现哭是一件特没意思的事情,哭是解决不了任何问题的,闹情绪的行为收敛了许多。

(4)我还坚持每天询问他的心情怎样,如有不愉快的事情及时引导他说出自己不快乐的原因,帮他解开心中的疙瘩,让他每天都带一个快乐的心情回家。

(四)他变了

经过一个阶段的疏导,他有了较大的转变,首先性格转变了许多,爱和老师同学说话了,有什么心里话也愿意和我交流了。其次变得爱帮助同学了,虽然有时还有点犹豫,但当他看到我鼓励他的眼神时,就会不好意思地笑笑,主动上前帮忙。再就是课间爱加入集体游戏中了,即使表现不尽如人意时,心理承受能力也有了提高。此外,上课闹情绪的现象也在逐渐减少,有时看到别人发言精彩,还会主动带头鼓掌。

这样的改变,家长高兴,我也欣慰,他自己也开心。

二、陪伴的故事

周二护导这天,走到一年级一班,看到那个叫××的男生僵直地站在教室前面,周围一片细碎的卫生纸屑。班主任小声跟我解释他一早哭着喊着不肯来上学,好容易拉进了教室,却死活不肯去座位,刚想再问点什么,他的哭声又响起,哭声中还是那句:"我不想上学……"心知这样僵持不是办法,我把他拉出了教室,想带他去我的办公室,可他又哪里肯配合?拽着他幼小的胳膊,心中忽然有些不忍,连忙喊路过的学生去叫附近办公室的体育老师,老师应声而出,帮我抱孩子上了楼,看他一边劝一边大步往楼上跨,心里真是佩服又羡慕:做一名老师,力气也很重要!

在只剩下我们两人的办公室里,依然是他那声嘶力竭的哭叫声,我能做的就是暂时转移他的注意力,忽然看到刚给他打出来的名字牌。我故意拿起名字牌,夸张地问:"这是谁的名字牌?"他停了哭声,嘟囔着说:"我的。"因为老是不说话,他说话的声音很小而且发音非常含糊不清,我盯着他说:"老师昨天刚给大家讲过怎样发言,要把每个音发满,跟我说,'我的'。"因为从第一节思品课起,我就这样教他讲话,面对我的指令,也许形成了一定的习惯,所以他大声跟我说了一句:"我的!"我马上表扬:"××真棒!咱们来玩儿一个游戏好不好?"他点了点头,这个游戏很简单,就是把名字牌翻来翻去,因为我敲他名字的时候,是在 A4 纸上竖着复制了两遍,所以一旦折叠起来,总有一个名字是反的,只有往前翻才能看成正的,没承想就这小小的错误居然也能把 ×× 逗笑了。

"让我们到一个更好玩的地方去玩游戏好吗?"这次他愉快地答应了。我们去了心灵小屋,他一眼看上的是个恐龙:"这个,我们家也有。"接着看上的是一辆汽车:"这个,我们家有两辆,比它大!"这是我听过的 ×× 说的最长、最清楚的一句话。×× 一边摆沙盘一边咳嗽,"你想喝水吗?"他点头。"不能点头,要说话,说'想'!""想!"他跟着说了一句。我本想去给他倒水,转念又改了主意:"××,我们去教室拿你的水壶好吗?"等他又跟我大声说了一遍"好"之后,我带他下楼,到二楼的时候,我教他说二楼这两个字,然后带他去玩哈哈镜,他每个都站了一遍,开心地笑。"你喜欢站在这里的你还是镜子里的你?"他指了指镜子,"要说话,说喜欢镜子里的你。""你喜欢站在这里的老师还是镜子里的老师。"这次没用我强调,他指着镜子里长长的我,开口说了四个字:"镜子,好玩!"这个时候的他,已经非常放松和愉快了!我一边带他走向教室一边和他商量:"我们现在去拿水壶,会影响正在上课的小朋友,要不然你先去喝水上课,下了课再去找我好吗?"他点头,我马上纠正:"答应了就要说'好'。"他愉快地说:"好!"

离开教室的时候,我愉快又沉重。愉快地是今天这一关 ** 和我都过去了。可我知道,对于他,对于做教师的我们,都还有漫长的路要走。

这次事情的解决,让我充分感受到了团队的力量。我们是一个和谐的大家庭,遇上了就帮一把是我们义不容辞的责任;对于任何一个人的帮助,我们都要发自内心地感激与感谢!对于××这样的孩子,无疑需要更多的爱和陪伴。暑假陪女儿去融合幼儿园做义工的时候,园长的话至今言犹在耳。她说:"这是一群来自星星的孩子,不懂得地球的规则,而我们要做他们的导游,帮助他们熟悉这里的规则与环境,让他们能够一点一点地融入进来。"

既然我们不能选择学生,那就让我们选择态度吧。当你这样用心去做的时候,也一定会有惊喜和收获。让我们一起乐观地面对,一起用心地努力吧!

第三节 智慧关怀,从"心"做起

当儿童进入学校,从此开始系统地接受正规的学校教育,一下子就从一个备受家长和成人保护的幼儿成为逐步独立完成学习任务、承受一定社会义务的小学生,这一切的变化都将促使儿童的心理产生质的飞跃。他们越来越需要学会如何与他人交往,建立一种和谐的人际关系,但现状却不那么尽如人意。

一、小学生交往障碍解析

由于影响学生个性社会化的原因主要是家庭、学校和同伴,作为自始至终作用其社会化过程中的重要一环——交往无疑也要受此影响。

(一)家庭对学生交往的不良影响

(1)家庭的居住状况和环境。现代社会个人居住环境的封闭、电子产品的日益家庭化在无形当中减少了家庭之间以及家庭内部成员之间互相交流的机会,很多孩子自小没有玩伴,记忆中的大部分时光都是在电子产品前度过的,他们失去了太多与人特别是与同龄人交往的尝试机会,陷入了自我封闭的小圈子,久而久之使得一些孩子性格脆弱、孤僻、腼腆,害怕与陌生人交往,因而当他们进入学校与同学交往时就显得茫然无措,我常常会听到这样的苦恼:"我没有好朋友""和同学在一块儿真麻烦,顾这顾那,还不如一个人想干什么就干什么。"

(2)家庭情绪气氛。婚姻关系的不和谐在这些儿童本该是美好的童年生活中投下巨大的家庭阴影,对儿童的个性及人格造成了一定的不良影响。在同学谈论家庭关系时会下意识的躲避或欺骗。

（3）父母的教养模式。父母在教养模式上有两个重要的维度：接受拒绝和支配服从。民主型的教养模式最有利于和谐个性的培养和良好的社会交往能力的建立，而其他的教养模式不但影响父母与孩子之间的沟通，更会迁移到孩子与他人的交往中去，如有的学生说："我犯了错误从不敢在爸妈面前认错，我多么想说我错了，以后不这么做了，可话到嘴边就是就是说不出来。"也有的学生说："我从来不跟爸妈说我的事，我觉得他们老拿我当小孩看，我不知道怎样说才能让他们觉得我长大了。"还有的学生说："我就喜欢做爸妈不允许做的事。"试想这样的孩子又怎么会和同伴和谐的交往呢！一些家长的"小太阳"教育导致了许多孩子"以自我为中心"，他们处在一个被人人关心的位置上，不懂得去关心别人、理解别人，他们只知道要别人来满足自己的欲望，却忽视了别人也有被爱和被尊重的需要。比如，经常有学生来找我倾诉这样的问题："我们小组 ×× 可讨厌了，我们跟老师说不要他了，可是没有一个小组愿意要他，我们该怎么办呢？"

（二）同伴对小学生交往障碍的影响

研究表明，6～12 岁学龄初期的儿童与教师特别与同伴的社会性情感在他们的情感体验中越来越占主要地位，他们喜欢过群体生活，常常几个人一起上学、回家、做作业、搞活动……他们在与同伴的竞争和比较中形成自己的要求水准，选择来自不同家庭具有不同个性的同伴做朋友。随着人际交往关系的扩大、相处的加深，难免会有摩擦、误解、矛盾的发生，而处理方式的不当则会引起学生心理需要的失衡、情绪的不稳定以及行为上的偏差，从而造成交往的凝滞，若不加以疏导，就会导致学生人格的缺陷，并因此对个性发展产生十分不良的影响。曾有一位五年级的学生写给我这样一封信："我心爱的橡皮失踪了，我很着急，可突然有一天，我发现橡皮出现在我们班中队长手里，我真没想到她竟然是个贼。我想以牙还牙偷回来，但始终没有这么做；要回来吧，好几次话到嘴边又咽了回去，每次做题，看到我的橡皮，心里个知涌上来股什么滋味……"一块小小的橡皮竟然造成了两个孩子之间如此深的误解，这不能不引起我们的思考。倘若此事得不到解决，这位同学将在以后与同学的交往中加上多么重的猜疑和戒备的砝码啊！

（三）学校对儿童交往的不良影响

（1）教学模式：毋庸说传统的授受式教学模式造成的师生间的不平等关系对儿童与教师交往上的不良影响，即使是现在改革后的教学模式也多半是师生之间交往关系的改变,而学生之间在课堂上的交往仍然不变,因而使得学生在课堂上有不同程度的孤独感和失落感。使学生陷入"自我"的小世界中,失去了交往的兴趣与需要,滋生了交往的陌生感。

（2）教师的管理方式:教师在管理班级时流露出的不平等情绪会造成学生交往圈中的两极分化。例如对好学生偶尔犯错的宽容和包庇以及对后进生毫不留情的训斥。另外,由于教师的权威性,其性格、作风会以潜移默化的方式影响着学生。例如,一个没有耐心、以简单粗暴的方式管理班级的教师易使该班的班干部在班级工作和与同学交往上缺少爱和宽容,而更多的是命令和强制,互相的指责、揭短,为不和谐的人际关系埋下危险的种子。

二、交往心理障碍的矫正

（一）系统的课程引导

（1）定期举办家长和教师的心理讲座,选择有吸引力、有针对性的专题,让教师和家长了解孩子的心理及其需要,引导他们选择适当的方式教育管理孩子,创设愉快和谐的家庭气氛和互帮互爱、自尊、自理、自觉的班级氛围,给孩子提供一个和谐交往的大环境。

（2）给孩子开设专门的心理健康教育课。人际关系是人与人之间通过交往和相互作用而形成的直接心理关系。它反映了个人或团体满足其社会需要的心理状况。可以通过专门的系统的教育引导学生学会交往。

（二）积极的教育引导

（1）进行积极的心理辅导。小学生的情绪大多是外显的,容易受外界的影响,波动较大,而这种一对一的心理交流则具有平等性、针对性、及时性的优点,随时发现问题、解决学生交往中出现的一些问题,从而将其对学习生活的影响降低到最低。

（2）在教学中进行积极的心理引导。拓展课堂上语言、情感、意志的交流。如采取小组交流的形式以及合作学习的方式,使每一个学生都有表现自己的机会,而教师则在维持调控知识交流的同时培养孩子合作的意识以及尊重、关心、帮助他人、体谅他人的情感。这对于孩子之间和谐的人际关系将会产生久远的影响。

（三）持续的心灵关怀

当我们以班主任的身份注视教室中的孩子时,心中就在默念,这些就是我以后的日子里需要培育的植被,是草还是树,很大一部分原因在我们身上。作为班主任,我们需要关注整体,但是在关注整体的时候,也要做到对于个别学生的智慧关怀。

昨天一个孩子没有来,我打电话问家长。说了大体情况,家长用很疑问的语气说,没去吗?我当时感觉心里一咯噔,不会路上出什么事了吧。在等待了很久之后还是没有消息,又打电话过去,好几遍才接,说孩子在家病了,请半天假。当时心里一缓,但是又觉得很诧异,孩子病了,家长居然不知道!

事情没有完。下午还是没来,打了6遍电话之后,接起来说还没好,要明天,我只能说,那好吧。家长仿佛根本就不知道要体谅老师,那么多电话打过去才知道什么情况,作为家长一点都不知道要和老师多交流,我觉得失望。

今天孩子回来。温声细语地问她,好点没?头也没抬,回答说,没感觉。顿时愣在当场。如此的冷漠,根本就是家长的模板。后来知道孩子一个人在家,觉得自己发烧了,于是找药吃,没想到又药物过敏。缺少关怀的孩子对别人的关怀如此得冷漠,就如家长对孩子的冷漠一般。教育是要学生知道感恩和温暖,但是家庭如此根深蒂固的影响,要如何在学校中有所改观?

在这之后我对于这个学生额外地关注,希望让她知道父母的辛苦,老师的关心。我会在每一次的眼神交流中面带微笑,我会在提醒坐姿的时候轻拍她的肩膀。我试着打破她的冷漠,试着用真心让她觉得温暖,同时也试着让她明白在班集体中,她是不可或缺的一个。直到有一天当我为同学们开班会讲话的时候,看到她在下面为我轻轻地鼓掌,我知道用"心"换来的,必定是"心"。一切都值得。

可见,交往教育是需要情怀的,也是要用"心"的。在不同的心灵中穿梭,也在自己的心灵中回荡。所以我们一直崇尚"心"的教育。人的精神力量是无穷的,不仅仅是个人的力量,也包含着力量的共鸣,而这种共鸣只有心灵能够做到。因为教育者与被教育者都是人,到最后的交往,都是人心的交流。

在爱的世界里,一切都充满了阳光。让我们以无私奉献的挚爱之心做学生的表率,迸射出无限的人格魅力;以严而有度的民主之心规范学生的言行,培养良好的行为习惯;以宽容忍耐的理解之心打造爱的空间,建构平等理解的师生关系;以尊重信任的真诚之心关爱着每个学生,成为同学的良师益友。让我们共同追求并努力接近这样一个理想的境界,享受教育、享受成长!

参考文献

[1] 钱丽霞. 可持续发展教育的历史演进与价值分析 [J]. 上海教育科研,
    2006（2）：28.

[2] 刘希未,宫晓燕,荆思凤,王晓. 智慧教育 [M]. 北京:科学技术文献出版社,
    2021.

[3] 张景斌,蓝维,等. 学校教育现代化的理论与实践 [M]. 北京:首都师范大学出
    版社,2003.

[4] 邵治荣. 构建良性评价激励机制 促进教师专业化发展 [J]. 教学学刊,
    2006（8）：20-22.

[5] 张淑萍. 解读学习型组织 [J]. 延安教育学院学报,2006（6）：6-8.

[6] 彼得•圣吉. 第五项修炼——学习型组织的艺术和实务 [M]. 上海:上海三联
    书店,1998.

[7] 何齐宗,刘流. 中小学教师专业核心素养模型建构研究 [J]. 课程教材教法,
    2021（4）：136.

[8] 李宏伟. 对教师职业幸福感的研究 [J]. 教育纵横,2006（5）：57-58.

[9] 叶澜. 教师角色与教师发展新探 [M]. 北京:教育科学出版社,2001.

[10] 管培俊. 关于教师专业发展改革发展的十个观点 [J]. 教师专业发展研究:2004
    （7）：52-57.

[11] 黄立华. 政府是义务教育筹资的主体 [J]. 新长征,2006（9）：60.

[12] 张扬生. 第三部门与中国教育现代化 [J]. 江西教育科研,2006（6）：43.

[13] 张德伟,何晓芳. 新课程与教学改革 [M]. 北京:北京出版社,2005.

[14] 吴铭. 发展性教师评价的基本理念是什么 [J]. 创新教育,2006（6）：59.

[15] 吴麟麟,周西安,符永宏,陈龙. 发展性教师评价探微 [J]. 教育发展研究,
    2003:172.

[16] 肖第郁. 新课程背景下教师专业化发展的思考 [J]. 教育研究,2006（7）：4-6.

[17] 余胜泉. 教育数字化转型的关键路径 [J]. 华东师范大学学报,2023（3）：62-71.

[18] 迈克尔·富兰．变革的力量:透视教育改革 [M]．北京:教育科学出版社,2000.

[19] 唐宗清．教师团队建设的四种途径 [J]．心理与就业辅导,2004(12).

[20] 吴卫东．教师专业发展与培训 [M]．杭州:浙江大学出版社,2005.

[21] 刘河燕．教师专业化的内涵、实质及标准 [J]．西南民族大学学报(人文社科版),2005(5).

[22] 教育部师范教育司．教师专业化理论与实践(修订版)[M]．北京:人民教育出版社,2003.

[23] 周小山,严先元．教师的专业发展与教师专业发展一体化 [J]．成都教育学院学报,2004,18(10).

[24] 康久永．教育制度的生成与变革 [M]．北京:教育科学出版社,2003.

[25] 蔡元培．蔡元培全集 [M]．杭州:浙江教育出版社,1996.

[26] 陈向明．实践性知识:教师专业发展的知识基础 [J]．北京大学教育评论,2003(1):104.

[27] 教育——财富蕴藏其中 [M]．北京:教育科学出版社,1996.

[28] 叶澜．深化中国高等学校内部管理体制和运行机制改革的研究报告 [J]．教育发展研究,2000(5):11.

[29] 联合国教科文组织总部．教育全球化与我国基础教育改革 [J]．全球教育展望,2004(6).

[30] 王相东．我国中小学信息技术教育的现状与前景 [EB/OL]．中国教育和科研计算机网．

[31] 彭绍东．信息技术教育学论纲 [J]．电化教育研究,2001(10).

[32] 何克抗．论信息技术与课程整合 [EB/OL]．浙江教育网．

[33] 范国睿．学校管理的理论与实务 [M]．上海:华东师范大学出版社,2003.

[34] 皮连生．学与教的心理学 [M]．上海:华中师范大学出版社,2006.

[35] 王策三．教学论稿 [M]．北京:人民教育出版社,2005.

[36] S. D. 布鲁克菲德．批判反思型教师 ABC [M]．张伟,译．北京:中国轻工业出版社,2002.

[37] 朱永新．新教育之梦 [M]．北京:人民教育出版社,2004.

[38] 张兆芹,罗玉云．学习型组织理论视角下的教师专业发展 [J]．课程教材教法,2005(11).

[39] 唐宗清．教师团队建设的四种途径[J]．心理与就业辅导，2004(12)．

[40] 王祖琴．参与式培训：新课程培训的有效形式[J]．湖北大学成人教育学院学报，2005(8)：34-36．

[41] 安德列亚斯•施赖希尔．教育面向学生的未来，而不是我们的过去[J]．华东师范大学学报，2020(5)．

[42] 顾小清，李世瑾．人工智能促进未来教育发展：本质内涵与应然路向[J]．华东师范大学学报，2022(9)：1-9．

[43] 曾继耘．差异发展教学研究[M]．北京：首都师范大学出版社，2012．

[44] 王振宇．适合的是最好的教育[M]．上海：华东师范大学出版社，2011．

[45] 罗伯特•肖．流行问题少年与少年问题[M]．吴冷，译．浙江：浙江教育出版社，2008．

[46] 唐娜•沃克•泰勒斯通．学生的差异在哪里[M]．吴燕飞，译．北京：教育科学出版社，2013．

[47] 拉卡托斯．科学研究纲领方法论[M]．上海：上海译文出版社，1999．

[48] 孙永明．差异心理学发展历史及其对我们研究的启示[J]．镇江师专学报(社会科学报)，1997(01)．

[49] 郭永玉．人格心理学：人性及其差异的研究[M]．北京：教育科学出版社，2013．

[50] 芭芭拉•普拉西尼格．个性化的教与学[M]．黄华，译．北京：教育科学出版社，2012．

[51] 张意忠．教育评价的理论与实践[M]．北京：高等教育出版社，2012．